本书是江苏省基础教育前瞻性教学改革实验项目"放眼田野的'生态式课程'探索与实践"（项目编号：2020JSQZ0110）、江苏省"十四五"规划课题"生态观下的'儿童村落课程'实践研究"（课题批准号：D/2021/04/26）、江苏省"十四五"教学研究课题"放眼田野的农村幼儿园'生态式'课程的实践研究"（课题批准号：2021JY14-ZB57）的阶段性研究成果。

大地告诉我

（课程故事篇）

主　编　李家莲

副主编　方之昕　孙建霞

编　委　（按姓氏笔画排名）

　　　　王　珏　刘　微　张才智　李乂云　李星雨　范古敏

　　　　罗　惠　赵丹丹　赵转转　涂　静　曾　燃　曾庆雯

·南京·

图书在版编目(CIP)数据

大地告诉我. 课程故事篇 / 李家莲主编. -- 南京：东南大学出版社, 2024. 6. -- ISBN 978-7-5766-1465-7

Ⅰ. G612

中国国家版本馆CIP数据核字第2024QH6038号

责任编辑：弓　佩　　　　　责任校对：张万莹
封面设计：有品堂_宋永傲　　责任印制：周荣虎

大地告诉我（课程故事篇）

Dadi Gaosu Wo (Kecheng Gushi Pian)

主编：李家莲
出版发行：东南大学出版社
出版人：白云飞
社址：南京市四牌楼2号　邮编：210096　电话：025-83793330
网址：http://www.seupress.com
经销：全国各地新华书店
印刷：江苏扬中印刷有限公司
开本：850mm×1168mm　1/16
印张：13.25
字数：260千
版次：2024年6月第1版
印次：2024年6月第1次印刷
书号：ISBN 978-7-5766-1465-7
定价：55.00元

本社图书若有印装质量问题，请直接与营销部联系，电话（传真）：025-83791830。

生态世界里的童年最美好

在江苏省课程游戏化项目和前瞻性项目活动中，我接触了不少幼儿园，认识了一批园长。句容天王镇中心幼儿园就是我新接触的幼儿园之一。近十年中，我曾多次带本科生和研究生去该幼儿园参观考察。天王镇中心幼儿园的最大特点是有很好的生态环境，场地面积大，草地多，树木丰富多样，有很富趣味的水系，水生植物风茂，种植园地庄稼品种多样，真是一片绿色的世界。给我印象最深的是马兰头、苜蓿、荠菜等野菜成片生长，各类果树真是"硕果累累"，孩子们在这种环境里投入自主、创意的活动，这成了他们课程的重要特征。我经常想起一个小姑娘带着微笑画弯曲的藤蔓和鲜艳的紫藤的景象。我曾带领联合国儿童基金会和中国学前教育研究会组织的一个非洲幼教考察团去天王镇中心幼儿园，代表团成员中有OMEP南部非洲委员会的专家，也有一些非洲国家的幼教专家，大家被天王镇中心幼儿园深深吸引住了，真有流连忘返的感觉。代表团从天王镇中心幼儿园感受到了中国农村学前教育发展的现实状况，大家表示要好好学习和研究。

前不久李家莲园长要我为他们的新书《大地告诉我》写个序，我欣然答应了。我亲身感受到了近十年来天王镇中心幼儿园课程建设的进步和发展，也有机会同李园长和老师们讨论了课程建设中的一些关键问题。我觉得天王镇中心幼儿园的理念是清晰的，就是发挥环境优势，坚持以生态观为指导，系统构建幼儿园课程。天王镇中心幼儿园重视课程资源，充分用好室内、室外，园内、园外的多种资源。记得有一次去天王镇中心幼儿园，正好赶上李园长与周围三个村民委员会及林木公司签约，并在这四个单位挂幼儿园实践基地的牌子，将幼儿园课程资源拓展到园外、村庄。天王镇中心幼儿园注重儿童生活，幼儿园中充满生活气息，种植园地边上就有大灶等生活设施，室内有专门的生活区，孩子们对做糕点、包馄饨、磨豆浆等事项很熟练。我印象很深的是天王镇中心幼儿园的标本柜，放了很多孩子们自制的标本，而且每一个标本都有一个有趣的故事，孩子们关注的是生活中的事物，生活中的科学。最重要的是天王镇中心幼儿园的课程是真正做出来的，很多课程案例都包含了生动、鲜活的活动细节，反映了孩子们的探索和思考，以及教师的反思和改进。这是注重儿童主体地位，关注儿童兴趣需要，注重儿童活动过程的具体体现。

《大地告诉我》选择的"遇见'虫'""池塘日记""苾妍和一棵树的故事""蛋宝宝，鸡宝宝""生病的小树""疯狂的三叶草""探秘天王菜场""去稻田里撒欢""咕咕，鸽""我想种下一棵树"等十一个课程实践案例，是孩子们探索、发现、思考的历程，是教师观察、支持、反思、改进的历程。这些故事折射出了这些年来天王镇中心幼儿园课程建设的探索历程。相信一定会给读者留下深刻的印象。我也相信天王镇中心幼儿园一定会在《3-6岁儿童学习与发展指南》精神的指引下，不断研究和理解儿童，不断建构适宜于儿童的课程，在课程建设上再登高峰。

2023年6月24日

让孩子在田野里收获

当火红的太阳一点点从远方朦胧的山脉上爬起时，心被激动着，这美丽的朝霞，这美好的早晨。清晨来到幼儿园，看到一群群鸟儿在树间嬉戏，大白鹅扑闪着翅膀嘎嘎叫着，好像在欢迎我的到来，鸭子、小羊也在欢叫，还有小兔、鸽子在跳跃，好一派和谐欢畅的图景。在教工之家坐下，院子内一片静谧，阳光倾泻在树、花和叶子上，鸟鸣声声声入耳。我们这所园子从1997年搬迁至这里，整整26年了，我1997年毕业就被分配在这所幼儿园，见证了她的不断成长，不断壮大，一草一木，一房一瓦，深深刻在记忆里。在这所园子里，我们一代代的天幼人在默默守候，在四季的更替中，拥抱了一批批孩子，陪伴他们成长，又看着他们飞向更高更美的远方。

2015年幼儿园进行了校安工程改扩建，重新进行了装修，重新规划了户外场地，当年恰逢江苏省课程游戏化的洗礼，幼儿园在改革的浪潮中奋勇前进，走在了教育教学改革的前沿。2015年之后，在省课程游戏化改革劲风的吹拂之下，我园有幸得到南京师范大学虞永平教授、江苏省教育科学研究院幼教与特教研究所张晖所长及镇江市教研室夏薇主任的亲临指导，我园本土化资源建设逐步走向与课程的联结研发。2020年，在专家的陪伴引领下，我们日夜兼程，不知放弃了多少个休息日，园教研组成员群策群力，幼儿园"放眼田野的'生态式课程'探索与实践"成功申报为江苏省基础教育前瞻性教学改革实验项目。"生态式课程"的理念是"亲近自然、融入生活、立足文化"，我们希望通过对江苏省课程游戏化精神的再度领悟和幼儿园生态环境资源的深度研发，立足儿童本位建立多元联结的课程生长主线，在儿童与自然，儿童与社会，儿童与教师、家长、儿童等多重关系之间架构健康向上的新型互动关系，最大化实现本土环境资源的教育价值，激发和唤醒儿童的持续性分享思维，为幼儿在园生活的每一天营造富于生机、立体多元的生命成长空间，让每一个天幼孩子都能在幼儿园"课程田野"里自由呼吸、健康成长。

3年来，在幼儿园的生态教育实践中，老师带着孩子们走进田野、小区、村落，孩子们的视野更加开阔。孩子们在与周围环境的互动中，多通道感知事物，发现环境中的奥秘，满足了好奇心和主动探究的欲望，获取了最真实的感受。记得有一次，虞永平教授在班级门口博物架上看到了孩子们在走廊里、花园里捡到的大蚊子、蜻蜓、小花、果实等做的标本和老师记录的孩子们讲述的关于标本的故事。为了肯定教师能抓住教育的契机，后来在2021年的全国学前教育宣传月上虞教授推荐了我们的做法，这给了教师们莫大的鼓舞。我园一名年轻教师由于父母想让她留在身边，她不得已放弃大城市的工作，重新考编来到我们的乡村幼儿园，刚来时她很迷惘、无助，但渐渐地她在带领幼儿开展项目活动时，收获了孩子们最纯真的笑脸、最无邪的话语，慢慢地她融入幼儿园，有了归属感，现在成了孩子们特别喜欢的老师，幼儿园的业务骨干。也还记得刚毕业的涂老师在和孩子们探究小鸡的孵化，由于是周末，她担心刚孵化的小鸡宝宝没人照料，就带回了家。由于她外出有事就将小鸡托付给她妈妈照料，可当她回到家里时，一只小鸡宝宝不幸夭折。看着辛苦孵化的小生命就这样没了，她泪如雨下，心中充满自责。在幼儿园进行课程故事分享时，她还忍不住流下眼泪，和老师们分享时说到这段故事是她人生中宝贵的经历，对于她也是一次生动的生命教育。还有"遇见'虫'""疯狂的三叶草""探秘天王菜场""去稻田里撒欢""咕咕，鸽"等系列课程故事，它们是如此真实，如此生动，它们是属于孩子们的，同时也让我们老师从中收获很多。

  自从开展了"生态式课程"探索与实践，在乡间田野里，孩子在自由的漫步与徜徉中眼睛更亮了，头脑更灵活了，在与大自然的对话中获得了愉悦的心理体验和能力发展，锻炼了身体，增长了知识，开阔了视野。教育又重新回归自然，学习不再是简单机械，不再是枯燥无味，而是充满了欢声笑语，充满了生机活力。通过"生态式课程"的实施，教师们了解了幼儿行为背后所呈现出的教育故事，不断丰富自己的教育策略，在与幼儿互动交流中不断调整、优化教育行为。教师们一步步走进幼儿的世界，最终收获成长的快乐。

  悠悠乡土情，浓浓生活趣，默默耕耘的天幼人，在天王镇这片热土上用爱与智慧为幼儿搭起成长的桥梁，播下一粒粒种子，润泽一片片心灵，爱与责任悄悄地流淌。老师们在泥土的清香中自由呼吸，他们如同勤劳的小蜜蜂穿梭于孩子之间，用他们的热忱与智慧不断丰富着课程资源、续写着课程故事，也收获着成长的美丽。

李家莲

于 2023 年秋

目录

1. 遇见"虫" ………………………………………… 刘　微　张光丽　01
2. 池塘日记 ………………………………………… 李星雨　王怀晔　21
3. 苡沏和一棵树的故事 ……………………………… 赵丹丹　屠　芳　53
4. 蛋宝宝，鸡宝宝 …………………………………… 赵丹丹　张才智　67
5. 生病的小树 ……………………………………… 赵转转　刘明花　91
6. 疯狂的三叶草 …………………………………… 曾庆雯　蔡卫佳　107
7. 探秘天王菜场 …………………………………… 李星雨　罗　惠　127
8. 去稻田里撒欢 …………………………………… 曾庆雯　李雪瑞　143
9. 咕咕，鸽 ………………………………………… 涂　静　李　娇　169
10. 我想种下一棵树 ………………………………… 曾　燃　付佳佳　185
11. 小小桥梁工程师 ………………………………………… 方之昕　201

遇见"虫"

句容市天王镇中心幼儿园

刘　微　张光丽

一、相遇

户外晨锻时，孩子们发现草地上多了许多木桩子，于是开始搬着玩，当把木桩搬起来的时候发现下面全是各种小虫子，男孩子见了很兴奋地喊我过去看，胆小的女孩子见了便尖叫着跑开了。

几个胆大的男孩子一边用手指着一边讨论着这是什么虫那是什么虫。

第二天晨锻，部分孩子还惦记着树桩下面的虫子，便又去寻找，这次孩子们发现了鼻涕虫、蚯蚓，还有虫卵，还在树桩旁边的石头下发现了蚂蚁窝。

明仁（指着蚂蚁窝）：老师，这上面的白白的东西是什么？

教师：这是蚂蚁卵，是蚂蚁的宝宝。

程程：这个卵好小，是因为蚂蚁很小是吗？

明仁：刚刚的卵很大，那是什么卵啊？

程程：快看，里面好像还有西瓜虫！……

第三天晨锻，孩子们又来到了户外一区，继续他们的寻虫活动。

欣欣：谢明仁，你能让我看看你捉的虫子吗？

骏骏：他捉了好多。

程程：我也捉到了，来看我捉到的西瓜虫。

心语：你们是在哪里捉到的啊？

程程：嗯……就在那个树桩子下面，还有石头下面。

明仁：程程，还有那边的石头下面。

程程：对对对，还有那边，有很多。

在调查的过程中，孩子们拿着纸和笔一边寻找一边记录。明仁负责记录，程程和其他小朋友负责在前面找，每找到一种昆虫孩子们会先把昆虫画下来，然后在后面标注出数量，再次找到同样的昆虫就把数量相加，最后得出每种昆虫的总数量。

经过一个小时的探索，孩子们统计出了找到的各种昆虫的数量。其中小蝌蚪是100只。

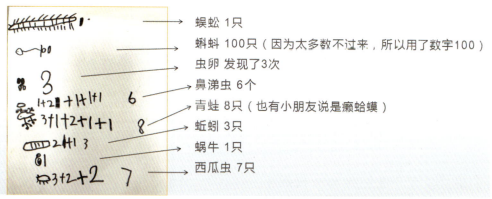

蜈蚣 1只
蝌蚪 100只（因为太多数不过来，所以用了数字100）
虫卵 发现了3次
鼻涕虫 6个
青蛙 8只（也有小朋友说是癞蛤蟆）
蚯蚓 3只
蜗牛 1只
西瓜虫 7只

教师：为什么小蝌蚪是100只，你们真的数了有100只吗？
明仁：太多了，数不过来，100已经很多啦。
程程：那不然用200？

在晨锻快要结束时，程程问我：老师，我们可以把小蝌蚪带回去养吗？
教师：可以啊，那我们怎么把小蝌蚪带回去呢？
明仁：老师，我在娃娃家找到一个水杯，可以用水杯装。

于是孩子们找来了网兜，用网兜把蝌蚪捞上来再转移到水杯里。

孩子们把捉回来的蝌蚪放在了橡皮泥盒子里饲养,平时早晨入园和游戏时间会去观察和照料它们。

堆肥坑

孩子们从堆肥坑里挖土时,在泥土里发现了一条蚯蚓。

北北:老师,这条蚯蚓好大!

北北捡来了一个废弃的木板,把蚯蚓放到了木板上。

北北:老师我们可以养蚯蚓吗?

教师:蚯蚓养在哪里呢?

程程:我们把蚯蚓放在橡皮泥盒子里,再盖上土不就行了。

明仁:老师这里还有蜗牛,可以带回去养吗?

于是我们班又多了一条蚯蚓和一只蜗牛。

孩子们见盆里的土太干了,放了点水进去,并放了一个小盒子进去,把蜗牛放在了小盒子上,还放了两片树叶进去给蜗牛和蚯蚓吃,就这样,小蚯蚓和蜗牛就算在我们大三班安家了。

好景不长,第二天孩子们就发现蚯蚓死了、不动了。蚯蚓为什么会死掉呢?有的孩子说是饿死的,有的说是谢明仁总是给它浇水,也有的说是离开妈妈太孤单了。为了调查清楚原因,我们决定去查查资料,看看蚯蚓适合生活在什么样的环境中。原来蚯蚓喜欢生活在潮湿、阴暗的环境中,一般是在10~30厘米深的疏松、富含有机质的土壤中。适宜它活动的温度在5~30摄氏度之间,0~5摄氏度的时候就会进入休眠状态,0摄氏度以下会死亡。它是靠大气扩散到土壤中的氧气进行呼吸的,土壤透气性越好,新陈代谢越旺盛,很显然我们给蚯蚓提供的生活环境并不符合要求。

为了避免蜗牛和蝌蚪也出现同样的情况,孩子们决定调查一下蜗牛和蝌蚪的生活习性。

回顾：我们是在哪里遇见的这些小昆虫？于是我们把遇见小昆虫的地方画了下来。

大橙：谢明仁是在石头下面找到的。
明仁：还有树桩下面。
程程：草底下也有。

经过讨论，孩子们发现，除了小蝌蚪是在池塘里找到的外，其他的小昆虫都是躲在石头、树桩和草的下面，而这些地方都有一个共同点，它们都是阴暗、潮湿的，于是孩子们把蜗牛转移到墙角晒不到太阳的地方。

我的思考

大自然造就了丰富的物种，各种各样的小昆虫也是孩子们一直十分感兴趣的，他们平时就经常关注墙角的蚂蚁和西瓜虫。在这次户外游戏前，教师没有给孩子们提任何要求，但他们在游戏的过程中发现了许多昆虫，这成功激发了孩子们的探索欲望。

孩子们第一次意外发现虫是在树桩下面，第二次不仅在树桩下，还在石头下发现了虫，所以第三次在找虫的时候，他们就有了明确的目标，根据之前的经验进行推断并得出结论：要在石头和树桩下面寻找。在记录寻找虫时，孩子们能用数字、图画记录寻找结果，并分别统计各种虫的数量和进行 10 以内的加法运算，得出最终的数量。在记录蝌蚪的数量时，孩子们用了数字 100，但是这并不是孩子们数出来的，而是他们觉得蝌蚪数量很多估计是 100，程程还觉得可以用 200 来表示，这也体现出孩子们对估数的初步理解。通过三次探索，孩子们决定把蚯蚓、蝌蚪和蜗牛带回班级，在蚯蚓死掉后，孩子们能大胆地表达出自己的疑问，并且寻求教师的帮助，与同伴讨论，查阅书籍，互相探讨，解决问题。

活动中，孩子们根据第一次、第二次的找虫经验推断出哪些地方有虫，能在寻虫时进行数字、图画统计，并且还运用了估数。这些都是孩子们在探究中获得的直接经验。孩子们在探索蚯蚓为什么会死时，能运用语言大胆讲述自己在观察中的发现，并能用叙述性语言来传达信息、发现问题和提出解释。此外，更重要的是，孩子们在生活中对于昆虫的探究兴趣并没有停止。

在整个活动中，教师发现了孩子们对昆虫的兴趣，并给他们提供了充足的时间和空间来进行探索。在探索过程中，面对孩子们的各种问题，教师并不急于给出所谓的正确答案，而是以平等的身份和孩子们一起讨论，从而引发幼儿更多的探索行为。

二、生命的延续

贪吃蝌蚪

在认识小蝌蚪的活动中，幼儿进行自由观察。

萱萱：小蝌蚪长得小小的，黑乎乎的。

大橙：这个蝌蚪不是黑色的，是棕色的。

满满：我发现小蝌蚪在睡觉，它睡觉是趴着不动的。

由于每位幼儿观察的角度不同，在小蝌蚪有没有眼睛、有没有嘴巴的问题上，幼儿发生了争执。有的幼儿寻求老师的帮助并查阅资料，还有的跑到鱼缸前拿起食物尝试着喂小蝌蚪。幼儿在得到相关资料信息后，把自己的发现与同伴、老师交流，得出了小蝌蚪有眼睛和嘴巴的结论。

孩子们几乎每天都会去看看带回来的小蝌蚪，然后问我："老师，小蝌蚪什么时候能变成青蛙呀？"就这样过了一个星期，小蝌蚪依然没有什么变化。孩子们开始有点着急了，为什么小蝌蚪没有长大呢？这时孩子们发现小蝌蚪并没有吃之前放进去的水草，有孩子猜想是水草太大了，小蝌蚪的嘴太小了，它没办法吃。

那蝌蚪在池塘里是吃什么长大的呢？孩子们查阅了资料，原来大部分的蝌蚪以食藻类为生，吃水中的浮游生物，还吃蚊子的幼虫。藻类、浮游生物、蚊子幼虫我们都没有，难道小蝌蚪要饿死了吗？

这时小宇在旁边大叫：老师，你看蜗牛拉屎了！

明仁：咦，还是绿色的。

大橙：因为蜗牛吃草，所以大便是绿色的。

明仁：我们可以用蜗牛的粪便来喂小蝌蚪吗？

北北：好恶心啊。

教师：可是我们放的叶子小蝌蚪都不吃怎么办？

程程：是叶子太大了吗？

宝成：虽然有点恶心，但是我们可以试试，不然小蝌蚪会饿死。

于是宝成找来一根小树枝，挑了点蜗牛的粪便放到水里，没想到蝌蚪真的吃了起来，孩子们这时既高兴，又惊讶，又很好奇为什么蝌蚪会吃蜗牛的粪便？

明仁：蜗牛拉出来的粪便里就有小小的微生物。

程程：里面有蔬菜叶。

子骏：蜗牛的屎里面就应该有一些蔬菜叶子啊。

程程：还有一些小草啊。

孩子们还对蝌蚪吃蜗牛便便这件事进行了表征。

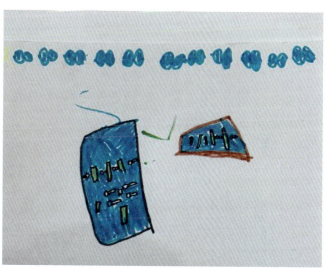

四月中旬的时候，孩子们在户外碰见小蛤蟆的次数越来越多，这时孩子们才发现池塘里蝌蚪已经全部消失了。

北北：蝌蚪怎么不见了？

程程：当然是变成青蛙了呀！

静怡：可是我们班的蝌蚪怎么还没有变成青蛙？

篓篓：它们长得也太慢了吧。

孩子们七嘴八舌地讨论着……

在逃蜗牛

孩子们把带回来的蜗牛放在有泥土的盒子里，还放了树叶在里面。可是过了一晚上，盒子里的蜗牛不见了，蜗牛去哪了呢？孩子们开始寻找起来，最后在窗户上找到了"出逃"的蜗牛。找到蜗牛的时候，孩子们发现小蜗牛的身体都快干了，于是赶紧把它放在水里冲了一下，碰到水，小蜗牛才探出头来。

教师：为什么小蜗牛会爬到窗户上？
俊辉：因为盒子没有盖子。
教师：蜗牛身体为什么会变干？
若欣：我知道，是太阳晒的。
教师：那应该怎么做？
明仁：我们用盖子把它盖起来。
北北：把它放到我们教室里吧，教室里凉快。

孩子们总结了一下，养蜗牛的盒子没有盖子，所以蜗牛会乱爬走；另外，虽然我们把盒子放在了墙角，但是阳台上的光线还是很强并且在中午的时候温度有点高。经过这件事，为了不让蜗牛再出逃，孩子们便把几只蜗牛放在了一个一次性饭盒里，并把它们移到了卫生间的水池下面。

蜗牛喜欢吃什么呢？孩子们大多猜想的是蔬菜叶子，就连我也觉得蜗牛肯定吃蔬菜叶子，于是孩子们从自然角里摘豌豆头来喂小蜗牛，还有的从家里带来了莴苣叶子。幼儿通过每天照顾小蜗牛和同伴之间交谈有关蜗牛的话题，发现小蜗牛并不吃他们放进去的蔬菜叶子。

大橙：它们怎么不吃呢？

明仁：啊，我知道了，是叶子太大了。

北北：可能是它的嘴太小了吧。

雨薇：把叶子切碎了不就行了。

于是孩子们把叶子撕成一小块一小块放到蜗牛的旁边。

有一天孩子们在吃香蕉时，

明仁跑过来问我：老师，蜗牛吃不吃香蕉啊？

教师：这个我也不知道，不过你可以试一试！

于是明仁咬了一块香蕉放在了盒子里。

明仁：它们都不过来。

程程：把蜗牛放到香蕉旁边啊，它们可能没看到。

说完程程把四只蜗牛放到了香蕉旁边。

方宇：它们吃香蕉了。

程程：那两个怎么不吃呢？

明仁：看，香蕉被咬了一个洞。

从照片中可以看到，虽然我们把四只蜗牛都放在了香蕉旁边，但是真的在吃的只有两只，另外两只蜗牛是不吃的。

虾口逃生的蛤蟆

孩子们在户外看到小蛤蟆时，程程提出来要用蛤蟆来钓龙虾。

教师：蛤蟆可以用来钓龙虾？

程程：老师我跟你说，我没骗你，用钩子把它绑在上面，然后扔到有草的地方就能钓到很多龙虾。

教师：你钓过了吗？

程程：嗯嗯。

教师：你钓了多少只龙虾？

程程：嗯……起码有7只。

明仁：我们去钓龙虾吧。

程程：我跟你说，要先把蛤蟆弄死，然后再放水里面。

说完程程就抓住一只蛤蟆往地上重重地砸去。

大橙：好残忍啊。

教师：程程，你这样做好残忍啊。

程程没有说话，旁边的男孩子们都围着程程在聚精会神地看着程程扔蛤蟆、绑蛤蟆。绑好以后程程把拴着蛤蟆的绳子扔到池塘里，不料刚扔下去，绳子上的蛤蟆就脱落了，掉到池塘里去了，孩子们无功而返。

对于能不能用蛤蟆来钓龙虾这件事，我们回班后展开了激烈的讨论，一部分人赞成，一部分人反对，于是我们开展了一次关于"能不能用蛤蟆来钓龙虾"的辩论赛。

程程：蛤蟆不是野生的吗？

北北：野生的也不能杀呀，你难道不知道要保护野生动物吗？

明仁：龙虾就喜欢吃蛤蟆呀，蛤蟆是野生的，如果钓不到呢，就算了。

北北：我反对，蛤蟆吃下去人会死掉的。

程程：我以前就是用蛤蟆钓龙虾哒，我也没死啊。

子骏：那是因为你去医院了。

程程：我没有，我真没有。

宝成：蛤蟆会吃害虫，会保护我们的庄稼，如果蛤蟆都被你们捉完了，那谁来保护庄稼呢？我们还有饭吃吗？

正方：同意用蛤蟆钓龙虾

反方：不同意用蛤蟆钓龙虾

明显能看出大部分孩子是不愿意用蛤蟆来钓龙虾的，给出的理由是：
1. 爱护生命。
2. 蛤蟆能吃害虫，能保护庄稼。

拯救独角仙宝宝

下午去小果园准备去看看之前堆肥的情况时，孩子们把地上的一个树桩弄倒了，在树桩下面又有了新发现。

北北：老师，老师快来看，这里有好多大虫子！

明仁：老师，这是什么虫？

教师：这是地蚕，它们经常躲在土里吃山芋，是害虫。

北北：那我们把它扔到堆肥的坑里去吧。

于是地蚕草草地结束了它们的生命。

但是后来一次偶然的机会，我看到了一本绘本《地面 地下》，这是一本以一只独角仙的生命历程为线索，讲述了一年四季中"地面"和"地下"小动物们的生命百态的书。于是我把这本书放在了我们班的阅读区，孩子们在翻看这本书的时候惊奇地跑过来告诉我说："老师，这本书上有地蚕！"然后我跟他们解释这是独角仙的幼虫，是独角仙的宝宝。孩子们仔细观察了独角仙的宝宝，发现竟然和我们上次发现的地蚕一模一样，头部红红的，还有小胡子，那说明上次我们误把独角仙当成了地蚕，孩子们纷纷觉得有点遗憾。

但是没过多久，孩子们又偶遇了独角仙宝宝，这次他们为了保护独角仙宝宝还帮它们搬了家。

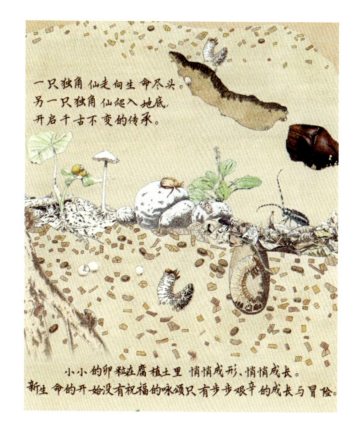

篓篓：快来看，这里有地蚕。

心语：这不是地蚕，是独角仙的宝宝。

程程：对，它长大了会飞，我还用绳子扣住它玩呢。

明仁：它们在这个地方很危险，会被小朋友踩到的。

程程：谢明仁，这里有个洞，我们把它们放到洞里，这样就安全了。

于是孩子们把两只独角仙宝宝搬到了洞口，然后独角仙的幼虫便自己慢慢地往洞口里面钻，孩子们一直在独角仙幼虫旁边围观。

心语：快看，它们钻进去了。

篓篓：好想摸摸它们。

说着便伸手去摸，"嘿嘿，好软啊。"

德乾：还有一个呢？

程程：在下面，我翻给你看。

说完程程用手指把上面的独角仙幼虫往旁边拨，露出了下面的另一只独角仙幼虫。

德乾：它们钻得好快啊！

篓篓：好感人啊。

德乾：感什么人啊，它把蚂蚁窝都弄坏了。

程程：很感人啊。

我的思考

在观察蝌蚪时，有的孩子因为没有看到蝌蚪的眼睛和嘴巴从而大胆猜测蝌蚪是没有眼睛和嘴巴的，在大家意见不一致时，他们通过求助老师、尝试喂食物来验证自己的想法。在要不要喂蝌蚪吃蜗牛的粪便这件事上，孩子们能开展讨论、交流，最后决定可以试一试。在看到蝌蚪确实吃蜗牛的粪便时，孩子们还尝试对这个结果进行解释、论证。

孩子们能根据观察到的现象，如蜗牛出逃事件，推断出是因为养蜗牛的盒子没有盖，并且阳台的温度过高。在研究蜗牛喜欢吃什么时，孩子们能根据前期的经验猜想是树叶和菜叶，有孩子大胆推测蜗牛可能吃香蕉时，也能尝试并验证自己的猜测。

在钓龙虾事件中，孩子们在辩论中提到不能杀害野生动物，蛤蟆会吃害虫，能保护我们的庄稼，这里体现了孩子们已经初步了解人们的生活与自然环境的密切关系，知道要尊重和珍惜生命，保护环境。

孩子们在一开始知道地蚕是害虫时，会想到它会吃我们的庄稼然后选择消灭它。在后面知道原来那是独角仙的宝宝时，孩子们表现出来的遗憾和拯救独角仙宝宝的行为，反映了孩子们已经对小昆虫产生了共情，也意识到了生命的可贵。

在照顾蝌蚪和蜗牛的活动中，孩子们能根据观察到的现象，结合已有的经验进行合理的推论，当在用一定的方法验证自己的猜测后，还会尝试对现象进行解释。从龙虾事件的辩论赛中可以看出孩子们已经初步了解了人们的生活与自然环境的密切关系，知道要保护益虫，保护环境。在帮助独角仙宝宝搬家时，孩子们学会了要尊重和爱惜生命。孩子们从这次的活动中感悟到了生命的可贵，意识到了一个小小的蛤蟆对我们环境的重要性，意识到了小小的昆虫也是有宝贵的生命的。

在整个活动中，教师尊重幼儿的每一次猜想和尝试，积极引导幼儿主动参与实验活动，使其成为幼儿主动的探究活动。在活动中给予幼儿充足的观察和尝试的时间。必要时，对孩子们进行适当的引导，激发幼儿的问题意识，促使幼儿将好奇心转化为探究活动。

三、再见了朋友

教师：你们觉得小蝌蚪和蜗牛在我们班生活得开心吗？

北北：我觉得不开心。

教师：为什么呢？

北北：它们都不吃东西，会饿死的。

程程：对，只有两只蜗牛吃东西。

梓涵：小蝌蚪离开妈妈会伤心的。

满满：而且橡皮泥盒子太小了，还是池塘里比较舒服。

篓篓：蜗牛的家也很小，肯定也不舒服。

子骏：我们都没有经过人家的同意就把它们带回来了。

教师：那我们应该怎么做呢？

大橙：应该要送它们回家吧。

篓篓：啊，我有点舍不得。

北北：舍不得也要送啊，不然它们会死的。

孩子们通过讨论决定让这些小生命回归大自然，放回到他们认为更加适合蝌蚪和蜗牛生存的地方。

一开始孩子们是准备把小蝌蚪放在池塘里的，但是很不巧，那天池塘里的水被抽干了，于是孩子们把目标转移到了池塘旁边的两个大水缸。

两个水缸选哪个作为小蝌蚪的家呢？孩子们有自己的想法。

北北：就放在这个水缸里吧。

义斐：那个水缸里光秃秃的，这个水缸里有荷叶。

雨薇：对，天气这么热，还可以挡太阳。

最后我们把蝌蚪放在了有荷叶的水缸里。

在送蜗牛回家的时候孩子们也进行了讨论，先是回顾在哪里发现的蜗牛，然后去找类似的环境。

教师：之前我们是在哪里找到的蜗牛？

大橙：是明仁在石头下面找到的。

方宇：还有树桩下面。

教师：这些地方都有什么样的特点？

程程：我知道，都是没有太阳的地方。

在这个过程中孩子们还考虑到小蜗牛的安全问题，比如会不会被其他小朋友踩到。经过综合讨论，孩子们最后选择了一个阴暗的墙角。

回归自然的小蝌蚪和蜗牛会过上什么样的生活呢？孩子们进行了猜想。

我的思考

在讨论中，孩子们能够积极参与讨论，用叙述性的语言来表达自己的想法、感受和观点，并且能听取他人的看法和意见。在箩箩说舍不得放生时，其他幼儿能感同身受地提出自己观点：如果不把蜗牛和蝌蚪送走，它们会死掉。幼儿能换位思考，去了解蜗牛和蝌蚪的感受，最后做出正确的选择。在放生的过程中幼儿也能根据之前找昆虫的经历，推断出应该把蜗牛和蝌蚪放在哪里比较合适。

在整个讨论过程中，孩子们各抒己见，大部分能学会换位思考，感觉蜗牛和蝌蚪并不喜欢我们创造的"家"，这说明孩子们内心已经能够感知生命的存在和意义。

教师在这个活动中更多的是一个引导者的身份，适当地引导并给予孩子们充分的机会表达观点、描述客观事实，让孩子们在讨论、交流中发现事情的本质，从而促进幼儿分清主观和客观，提升探究能力。

四、期待重逢

户外游戏时间，孩子们总是心心念念地想去看看他们放生的小动物，孩子们去莲花池区寻找蝌蚪，却没有找到。

孩子们觉得蝌蚪是变成蛤蟆逃走了。在寻找蜗牛的时候，孩子们不管是在草丛里还是石头下面都没有找到，反而发现了多个鼻涕虫，还找到了一些蜗牛空壳，孩子们纷纷说这是蜗牛蜕壳了。

蜗牛会蜕壳吗？鼻涕虫是蜕了壳的蜗牛吗？
篓篓：蜗牛被鸟吃掉了，所以只剩下了空壳。
明仁：里面的蜗牛爬出来了，蜕壳了。
静怡：蜗牛蜕壳变成了蚂蟥。

薇薇：蜗牛是死掉了才会变成空壳的。

心语：蜗牛被太阳晒干了，晒成了一个壳。

孩子们有很多想法，于是我们把这些想法画了下来。

假如蜗牛会蜕壳，它为什么要蜕壳呢？

陈俭：它要去找新家啊！

明仁：因为蜗牛长高了，它的壳太小了，它要去找新壳。

大橙：以前的壳太脏了，它要去找个干净的壳。

……

对于这个问题，孩子们没有办法通过观察来验证，于是我们查阅了资料。原来蜗牛除了会冬眠还会夏眠，它在温度很高的时候会钻到阴暗潮湿的腐土里，并用黏液把壳的洞口堵住，防止身体里水分的流失。难怪我们现在找不到小蜗牛，原来它们都躲到了土里，那我们找到的空壳和鼻涕虫又是怎么回事呢？

蜗牛和蛞蝓

在一次户外活动中，孩子在大树下发现了蛞蝓和蜗牛壳。

明仁：看，蜗牛蜕壳了。

心语：这不是蜗牛，这是鼻涕虫。

程程：我们把它放到壳里看看。

说完程程就拿起鼻涕虫往蜗牛壳里塞。

这时，旁边的方宇：这不是它的壳，这个壳洞口太大了。

这时有小朋友找来了一只蜗牛，孩子们开始观察、对比。

明仁：蜗牛是糖浆色的。

程程：你看下面是个大肉足吧？

教师：那鼻涕虫呢？

程程：鼻涕虫是长长的。

北北：所以鼻涕虫不是蜗牛。

我的思考

孩子们在放生后再去寻找的过程中表现出恋恋不舍，也是责任的延续。虽然寻找的过程并不是很顺利，但是孩子们在其中又有了新的问题探究。在孩子们看到蜗牛的空壳和蛞蝓时，他们根据自己的观察提出问题：蜗牛蜕壳了吗？并能带着这种疑惑，在之后的活动中主动寻找蛞蝓和蜗牛，认真比较蜗牛和蛞蝓的区别，通过观察发现，它们身上都有黏液、都有两对小触角，但是蛞蝓和蜗牛的形状不一样，蛞蝓是细细长长的，而蜗牛身体下面有个大吸盘。比较后，孩子们得出结论：虽然蛞蝓很像蜗牛，但确实不是蜕了壳的蜗牛。

在这次活动中，孩子们能用自己的思维方式对蜗牛是否能蜕壳进行主观思考，在猜测的时候，能大胆地说出自己的观点。在探究过程中也能认真比较蜗牛和蛞蝓的不同之处，能对观察到的现象进行概括、总结。

教师在这个过程中并没有急于把答案告诉孩子们，而是留给他们充分的时间进行思考。即使孩子们的推理可能不符合逻辑者或他们的解释不符合现实，教师也没有打断孩子们进行纠正，因为不管怎样，这些都是孩子们自己思考的结果。

五、谁是谁的菜

大家通过一段时间的探究，认识了独角仙的宝宝，知道了蜗牛的生活习性，了解了蜗牛和蛞蝓的区别……但这仅仅是我们认识的冰山一角，于是我们决定带着对这些小昆虫的认识，再去我们的幼儿园调查一下，它们是独立的个体吗，它们之间有什么联系吗？

于是孩子们在幼儿园进行了调查。

调查结束后他们回到班里绘制了幼儿园的小昆虫之间的关系图。

  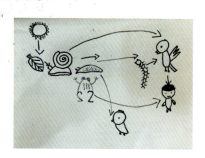

绘制完，孩子们发现其实这就是我们平时说的食物链。

北北：这里面有的是害虫，有的是益虫。

若欣：蜗牛、蜈蚣是害虫。

大橙：它们会钻到土里吃菜，然后农民伯伯就会把菜扔了。

子骏：它不吃会饿死呀，它可能控制不住自己。

教师：如果蜗牛是害虫，你们以后会把它们全部消灭掉吗？

德乾：蜗牛都消灭光了，小鸟就没食物吃了，会饿肚子。

若欣：小鸟可以吃其他虫子。

篓篓：蜗牛这么可爱，为什么要消灭掉？

程程：不消灭掉它们会吃我们的菜啊。

孩子们可能还没有意识到他们现在讨论的是生态平衡的事情，但他们的观点却反映了生态系统中每个生物之间环环相扣、缺一不可的关系。就像孩子们知道有些昆虫是可以住在一起的，但却不可以和蜈蚣住一起。

孩子们还一起对比了不同季节在石头下遇见的小昆虫是不一样的，春季的石头下面有蛞蝓、蚂蚁、西瓜虫、蜗牛、蛤蟆、蚯蚓，还有一些不知名的小爬虫；但在夏季的石头下基本就只有蛞蝓和一点蚯蚓了。孩子们还想到以前的石头下面还有蜈蚣，现在也没有了。

夏季

春季

这些都是孩子们未解开的谜团，同时也给大自然蒙上了一层神秘的面纱，我相信将来孩子们一定还会用他们自己的方式再去一探究竟。

我的思考

在孩子们绘制食物链和讨论要不要把害虫全部消灭掉时，他们已经初步了解了生物之间的掠食关系，石头下面丰富的小昆虫也反映出生物之间的共生关系。虽然孩子们没有直接认识什么是食物链，什么是生态圈，什么是掠食、共生，但他们在探究过程中却间接认识到了这些概念的本质。

在活动中，孩子们不断积累有关大自然的科学知识，当孩子们自主寻找、探究昆虫时，当孩子们拯救独角仙宝宝时，当孩子们送蜗牛和蝌蚪回家时，当孩子们集中精力调查研究蜗牛和蛞蝓时，当幼儿思考、讨论着怎样对待害虫时，他们也正在发展着自身的探究能力。孩子们通过探究学会探究，这是最能体现幼儿学习主体地位的学习方式。整个活动中，孩子们也在探究过程中逐步提高了收集和处理科学信息的能力、分析问题和解决问题的能力、交流思考论证的能力，同时也初步意识到了生物与生物之间的关系。

最后我想引用《地面 地下》中的一段话："其实只要我们愿意蹲下身体，尽量放慢眼光，用慢到以厘米来计算的速度移动由左往右观看，再由脚前的寸土慢慢移向前方观察。你，绝对可以看到过往不曾留意的生物；你，绝对可以感受往日不曾注意到的景观。它或者它们一直都在那儿，日复一日、年复一年，只要生态环境不被破坏，它随时张开无形的手臂，欢迎你的到访。"

池塘日记

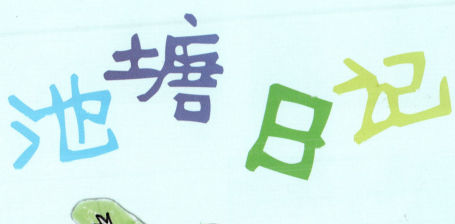

句容市天王镇中心幼儿园

李星雨　王怀晔

日记1 时间：2021年3月10日，天气：晴

冬去春来，午餐后散步，我们班路过小池塘时，小朋友们看到水面上覆盖着枯萎的植物茎叶，纷纷说："乱七八糟的，都要没水了。"突然，皓皓发现水里有蝌蚪，小朋友们一个个炸开了锅，纷纷凑上前来要一探究竟。

南南：这里也有，你们快来！
朵朵：它们好小、好可爱啊！
皓皓：你们不要吵了，都游走了！
琪琪：老师，我好想捞点带回班啊！

琪琪、小范她们一心想着捞蝌蚪带回班饲养，于是她们火速找到了池塘边的兜网，果果立马拿来一个黏土盒。

日记2 时间：2021年3月11日，天气：晴

一、晨谈：怎样饲养蝌蚪？

小朋友们已经当了一学期自然角的值日生，大家一起回顾照顾金鱼、乌龟的经验。

结论：饲养蝌蚪需要水、泥土、阳光、食物、值日生（需履行换水、喂食、清理等职责）这5个条件。

二、落实改进饲养方案

1. 黏土盒换成透明的鱼缸，便于观察。
2. 早上来园将鱼缸放到自然角，午睡前搬回生活区，防止太晒。
3. 从种植地带回一些植物和泥土，丰富饲养环境。
4. 值日生来园后、午餐后、放学前定时履行职责。
5. 和家长一起调查并准备蝌蚪的吃食。

本周植树节活动中，幼儿园在修剪了草地后，又打理了小池塘，新增了部分植物。部分家长在调查过程中给小朋友们顺便科普了一些蝌蚪长成青蛙的变态发育知识，大家非常期待把蝌蚪养成青蛙。

日记3 时间：2021年3月15日，天气：晴

一、制定食谱，标记吃食

结论：水果丁、饼干屑、浮萍、蔬菜叶末、饭米粒等，蝌蚪饿的时候都吃，更喜欢吃植物类。

午餐后散步，小朋友们发现小池塘里水变多了、变清了，蝌蚪游来游去，枯萎的植物根部也开始冒新的茎叶了。

赫赫：芦苇小时候好矮啊，跟草一样。

哲哲：芦苇长出新的了，我还以为都死掉了呢。

茉茉：因为这个水里有它的根啊。

艾奇：水面终于露出来了。

皓皓：你们快来，木头上长了"水蘑菇"！

二、辩论：蘑菇 VS 木耳？

骏骏：我们上次发现的蘑菇就是这个颜色。

浩浩：这是木耳，我家里有这个。

包包：这个是"水蘑菇"吧，那个木头挨着水面的。

汐汐：我们吃的木耳冬瓜汤里有这个。

瑶瑶和安然忍不住用手拽下来一片，捏了捏，又凑上去闻了闻。

结论：这截木头上面长的是木耳。

阴雨天后，小朋友们在户外游戏时见过小果园的大树上、小池塘的木头上长出了蘑菇。

日记4 时间：2021年3月24日，天气：多云

池塘边的草地上躺着一截木头，南南大叫着指着他的发现："你们快来，在这里！"小朋友们把木头翻得竖了起来，一簇木耳露出在大家眼前。

琪琪：哇，有蘑菇！上次去小果园玩，那个树下也有，我看见过，就是这个颜色的。

赫赫：是木耳吧，它这面是凹进去的，就像个小耳朵。

萱萱：蘑菇是像小伞一样，这个是一团。

南南：木耳软软的、滑滑的，有弹性。

果果：我真的好奇，为什么有的木头上长蘑菇，有的长木耳？

教师：李老师也不知道，我们回家和爸爸妈妈一起探索好不好？

小朋友们迁移自然角照顾植物的经验——植物的生长需要阳光、水、泥土、肥料和值日生这5个条件，个别小朋友概括出了生长环境因素。

日记5 时间：2021年3月29日，天气：阴

20天过去了，小朋友们辗转于自然角和小池塘，大家越来越期待蝌蚪的生长变化。

讨论：鱼缸VS小池塘1.0版

果果：它们怎么还不变身啊？

桐桐：我们喂了那么多，它们怎么还不长大？

艾奇：小池塘里的蝌蚪头已经变得好大，颜色也变深了。

帅帅：小池塘里的蝌蚪是不是要变了？

3月后记

由于去年新冠疫情影响，这是我班孩子们进入幼儿园以来的第一个春天。蝌蚪的出现迅速抓住了孩子们的眼球，成为吸引他们的兴趣点。但大家对蝌蚪的认知经验比较匮乏，甚至有的孩子以为那是小鱼。

孩子们捞蝌蚪时动作细致小心，对蝌蚪充满爱护之情。在饲养蝌蚪的过程中，他们通过观察并记录蝌蚪的生长变化，开始尝试长期地追踪观察。有的孩子急于想知道蝌蚪喜欢的吃食，出现乱喂、多喂的现象，值日生能履行职责，严格监督，告知同伴每条蝌蚪都是一个小生命。在集体讨论中，大家已经理解了动物的生存需要食物、水和居所等条件，他们迁移了以往照顾金鱼、乌龟的经验，总结出蝌蚪的饲养方法。在家长的帮助下，孩子们制订了简单的"蝌蚪吃什么"调查表并落实喂养，从而得出蝌蚪吃水果丁、饼干屑、浮萍、蔬菜叶末、饭米粒等，更喜欢吃植物类的结论。

孩子们还意外发现了木耳，并且根据观察到的外形特征，结合已发现的蘑菇的相关经验，自发产生了"蘑菇VS木耳"的辩论。瑶瑶和安然还通过捏一捏、闻一闻，进一步验证自己的猜测。基于大家已经知道植物的生长需要水、阳光和土壤等条件，个别孩子也在自主交流中尝试探寻木头上会长蘑菇还是木耳的原因和影响因素。

在"蘑菇VS木耳"的辩论中，我发现孩子们的认知水平尚浅，还不能透过对话看本质。四次概括出发现的木头、地点、温度、湿度等影响因素都不一样，并且控制变量的对比实验对中班幼儿来说，有较大难度。所以我在尝试引导之后，便请孩子们回家和爸爸妈妈一起探究。

现实生活中，我也是第一次在大自然中看到活生生的木耳，大自然的奇妙和孩子们的童言稚语都让我为之惊叹。

日记6　时间：2021年4月7日，天气：阴

清明节放假3天都是阴雨天气。

清明节假期过后，小朋友们早上前脚进班，后脚就直奔生活区看蝌蚪，大家你一言我一语地嘀咕着。

讨论：鱼缸VS小池塘2.0版

安然：鱼缸里的小蝌蚪头还是椭圆的，还是小小的。
朵朵：小池塘里的蝌蚪更胖一些，尾巴也要长一些。
果果：我发现它长了两个黑色的小眼睛。
梦梦：小池塘里的蝌蚪已经长出了凸凸的嘴巴。
桐桐：鱼缸里养的还是一点点大。

结果：小朋友们发现鱼缸里的蝌蚪基本没有变化，小池塘里的蝌蚪变化明显。

教师：两个地方的蝌蚪捞回来时是一样大的，现在为什么外形变化相差这么多？

帅帅：小蝌蚪在鱼缸里游不自由，它看上去不太开心。
梦梦：小池塘里它的小伙伴要多一些。
包包：小池塘里面吃得更健康。
琪琪：鱼缸太小了，小池塘特别大。
果果：我知道我知道，一定是因为外面会淋到雨，雨水对植物和动物的生长都有好处。

日记7　时间：2021年4月19日，天气：晴

　　早上来园，值日生突然大叫："李老师，小蝌蚪都死了，就还剩一只了！"。大家发现小蝌蚪的尸体沉底了，剩的一只大蝌蚪一会儿游在上方水面，一会儿到尸体上面停留，它的嘴巴还在动。瑶瑶大叫："它在吃它！"（大蝌蚪在吃小蝌蚪的尸体）小朋友们非常震惊，一窝蜂全挤过来。

　　讨论：小蝌蚪为什么全死了？大蝌蚪为什么吃小蝌蚪？

　　浩浩：周末温度高，它们热死了吧。

　　正正：小蝌蚪抢不过大蝌蚪，饿死了。

　　果果：水两天没换，不新鲜了，没氧气了。

　　汐汐：小蝌蚪想快点长大，吃多了，我以前在家里养小金鱼喂多了就撑死了。

　　硕硕：它们不开心，可能生病了。

　　哲哲：大蝌蚪和小蝌蚪打架抢吃的，不小心弄伤小蝌蚪了。

　　赫赫：值日生是不是忘记放吃的了，大蝌蚪饿得不行，没得吃了。

日记8　时间：2021年4月23日，天气：晴

　　小朋友们发现大蝌蚪在鱼缸里一动不动，大家用手碰一下鱼缸，它就游到远远的角落，然后又长时间不动。

　　小范：我感觉它一个人孤零零的。

　　汐汐：它会不会也快死了啊？

　　瑶瑶：它还变不变啊？

　　安然：我们要不把它放回家吧。

　　艾奇：对啊，马上又要周末了，没人照顾它会死的。

　　骏骏：可是还没看到它变青蛙呢！

　　结果：放生17票 VS 继续饲养8票

　　桐桐：可是我还是想照顾它长大。

　　教师：蝌蚪离开家很久了，我们要不把它放回小池塘生活吧，后面我们可以去小池塘观察蝌蚪的生长变化，好不好？

　　小朋友们前往小池塘去放生蝌蚪。随着鱼缸的倾斜，蝌蚪快速顺着水流游回小池塘里。帅帅说："哎呀，它已经游走了，我找不到它了，它一定是太想回家了吧！"

日记9 时间：2021年4月26日，天气：多云

一、讨论：蝌蚪去哪里了？

户外游戏时，小朋友们仔细寻找，发现小池塘里的蝌蚪全都不见了。大家非常震惊，又担心再也看不到蝌蚪了。

南南：我知道了，它们变成青蛙跑到种植地里了。

哲哲：会不会天热了躲到泥里面去了。哲哲拿钓龙虾的竹竿插到泥里搅了搅，还是没有蝌蚪跑出来。

教师：都快立夏了，小池塘旁边是种植地，蝌蚪可能经过变态发育，变成青蛙上岸了。

帅帅：是鸭子和鹅吃的吧。

茉茉：可是我们上次来的时候都还没有长腿啊？

茉茉的反问提醒了大家——对啊，没这么快啊，还没看到蝌蚪长腿呢，怎么会都不见了？

二、借阅绘本，观看纪录片

结果：蝌蚪一个半月左右开始长腿，先长后腿再长前腿，最后退化尾巴，两个月左右变成青蛙，这个过程是变态发育期。

4月后记

清明时节雨纷纷，孩子们直观感受到降雨明显增多，小池塘里的水量蓄满，水质越来越清，植物也开始猛地生长，从而初步归纳出季节和天气的关系，以及节气对植物的影响。

在饲养蝌蚪过程中，孩子们的科学思维通过合理的猜想和开放的讨论得以发展。大家通过

"鱼缸 VS 小池塘"的一系列对比探究，发现鱼缸里的蝌蚪外形基本没有变化，小池塘里的蝌蚪变化明显，甚至还有大蝌蚪吃小蝌蚪的现象。与此同时，孩子们还能根据他们的观察结果进一步提出疑问，大胆推理小蝌蚪的死因以及大蝌蚪吃小蝌蚪的原因，努力尝试寻求答案，甚至在交流探讨中，对"环境与蝌蚪的关系""弱肉强食"等自然规律有了初步理解。

饲养后期，孩子们基于蝌蚪仅剩一只的观察结果，以及对蝌蚪死因的推理，他们逐渐了解到蝌蚪的需求需要得到满足，否则就会死去。基于此，个别孩子预测鱼缸里的"幸存者"可能在即将到来的劳动节假期也会死掉，于是通过民主投票的方式做出了放生蝌蚪的决定，后续对小池塘里的蝌蚪进行自然观察。

经过一段时间的观察，大家发现"小池塘里的蝌蚪消失了"这一现象。他们产生了"蝌蚪去哪里了"的新问题并基于已有调查经验猜想"蝌蚪是不是变成青蛙上岸了"，收集"蝌蚪变态发育期"的相关证据进行验证，结果发现时间跨度不吻合，从而排除这一可能。

孩子们在经历了蝌蚪的死亡之后，大部分孩子的第一反应是想到放生"幸存者"，可见他们对蝌蚪的爱护之情又得以升华。一群4~5岁的孩子们，这种生命价值导向的自发行为令我动容。

日记10 时间：2021年5月6日，天气：晴

午餐后散步，我们遇到大三班的哥哥姐姐们正在把鸭子和鹅从饲养场放出来。只见篱笆门刚刚打开，鸭子和鹅就纷纷迈着飞快的步子，冲向了饲养场外面的小池塘，有的拍打着翅膀，有的游来游去，还有的低着脑袋、埋着嘴巴在水里一阵乱啄。不一会儿，小池塘里的水就浑浊了，植物也被撞得东倒西歪。

一、讨论：鸭子和鹅吃不吃蝌蚪呢？

目击证人——大三班刘老师："吃的！五一前我们班赶鸭子和鹅洗澡、游泳（劳动节班本活动），它们一进小池塘就猛吃，什么螺蛳啊、龙虾啊、蝌蚪啊，上个星期差不多都被吃光了。"

结论：之前的蝌蚪是被鸭子和鹅吃光的。

二、讨论：鸭子和鹅关不关？

小范：饲养场里面不是有小池塘吗？

赫赫：鸭子长大了，鹅也太大了吧，那个里面太小了。

包包：小池塘都被弄污染了，脏死了。

瑶瑶：它们老是吃小蝌蚪，我们都看不到小蝌蚪们变身了。

圆圆：可是天热了，它们也喜欢玩水。

萱萱：它们也太能吃了，我刚看见池塘边上还有龙虾的壳，里面的肉都空了。

教师：看来鸭子和鹅的生活需要这个小池塘，但是呢，它们一进小池塘就各种觅食，搞破坏。那到底要不要把鸭子和鹅关在饲养场里面生活啊？还放不放出来了呢？

结论：小朋友们和大三班打招呼，少把鸭子和鹅赶到小池塘里，因为我们幼儿园户外有很多草地，可以到草地上放养它们。

日记11　时间：2021年5月11日，天气：阴

　　小朋友们来到小池塘，骏骏和瑶瑶心心念念还没看到蝌蚪长腿，帅帅和桐桐说："都怪那些鸭子和鹅。"

　　突然，大家发现一只超级大的蚊子，纷纷惊喜地大喊大叫，骏骏抢着上前用手抓，一不小心把它弄死了。

　　馨馨：都怪你骏骏，你不能轻点吗？它的肚子都被你捏爆了！

　　骏骏：我看它马上要飞走了，我不是故意的。

　　圆圆：它好大啊，腿好长。

　　哲哲：它咬人肯定特别痒，你们看它的嘴巴，这也太长了吧！

　　桐桐：我在种植地的水缸里面也看见过，这是水蚊子。

　　梦梦：它会叮人吗？它长这么大，一下就会被发现了吧？

　　我拿出手机一扫，"它的名字真好记，叫'长脚蚊''大蚊'"。

日记12　时间：2021年5月14日，天气：阴

　　午餐后散步，我们在池塘边发现几只菜粉蝶和"蜻蜓"，小朋友们大叫："老师你看菜粉蝶！还有小蜻蜓！"我轻轻地捉了一只给大家观察，"这个是蜻蜓吗？"

　　讨论：蜻蜓 VS "小蜻蜓"

　　馨馨：它的颜色好漂亮！

　　包包：蓝蓝的真好看，老师你轻点捏。

　　安然：它的爪子像钩子一样弯弯的，这样就可以抱住植物了。

　　梦梦：蜻蜓要大一些，这个尾巴好细。

　　桐桐：蜻蜓的翅膀是像飞机一样横着飞的。

　　朵朵：蜻蜓眼睛可大了，是凸起来的，这个小蜻蜓眼睛小。

　　正正：它的翅膀也没有蜻蜓的大。

　　我把它放生，回班带领小朋友们观看纪录片，查阅资料。

结论：这个是豆娘。

平时，小朋友们在生活中都见过菜粉蝶，也欣赏过幼儿园走廊的墙上悬挂的幼儿摄影作品。大家当初有的说是蛾子，有的说是白蝴蝶，我给大家简单科普过菜粉蝶的名称和特征。

上周，小朋友们在小果园里发现一只死蜻蜓，骏骏和硕硕把它带到我们班的"自然博物架"上做展示。

三、豆娘和蜻蜓的区别

眼睛不同：豆娘两个复眼距离较远，整个头部像哑铃，蜻蜓两个复眼挨在一起，头部呈球形。

翅膀不同：豆娘的翅膀平时休息时合拢在背部，蜻蜓休息时翅膀平展在两侧。

尾部不同：豆娘一般尾部很长，是身体的六至七倍，交配时雄虫可以用尾部立在雌虫头上。蜻蜓尾部相对较短，不能像豆娘一样支撑整个身体。

形态不同：豆娘较为纤弱，不能远飞或高飞。蜻蜓较为强壮，可以远飞或高飞。

日记13　时间：2021年5月19日，天气：晴

惊喜：中一班的涂老师转告我们班，他们班小朋友钓龙虾的时候发现，小池塘里又有蝌蚪了。

午餐后散步，小朋友们拽着我往小池塘走。最近难得的晴天，蝌蚪游来游去，螺蛳、河蚌、龙虾都从淤泥里爬出来了，菜粉蝶、豆娘和蜻蜓飞来飞去。

安然：它们喜欢在清清的水里游，这边的水要干净一些。

骏骏：在这里，有龙虾，它从泥里爬出来了！

茉茉：李老师，我刚看见一只蜻蜓，它飞得好快啊，它本来是停在芦苇秆子上面的，我还没过去它就飞走了。

果果：我也看见了，它的身体有点黄黄的、黑黑的条纹，眼睛也有点黄。

帅帅：嘘——，你们不要吵，它爬过来了！

皓皓：河蚌的肉都露出来了，它张开了，它还在动！

正正：水底下还有螺蛳，它爬得好慢啊！

南南：你们快来，这个荷叶上停了只蜻蜓！

朵朵：这个是豆娘，才不是蜻蜓，它的翅膀是闭着的。

小朋友们心情大好，大家统计出目前在小池塘共发现的动物有10种（加上之前的长脚蚊）——蝌蚪、龙虾、螺蛳、河蚌、蜻蜓、豆娘、鸭子、鹅、菜粉蝶、长脚蚊。

日记14　时间：2021年5月24日，天气：多云

周一早晨，小朋友们迫不及待来到小池塘。水清清的，非常干净，植物在一场场雨水的洗礼下，郁郁葱葱、生机勃勃。

一、发现卵

小池塘经过一个周末的沉淀和恢复，安安静静的。突然，瑶瑶大叫，"啊——好恶心，密密麻麻的，全是黑点点。"大家一下子都非常激动，七嘴八舌地说个不停。

帅帅：好多卵，全都是的！

朵朵：青蛙妈妈生了好多小宝宝，密密麻麻的。

梦梦：我发现每个卵之间是分开的，好像有个透明的东西。

硕硕：我也看见了，有一层膜把卵包住了。

安然：就像果冻，不对，就像鼻涕一样。

二、探讨产卵规律

教师：这些卵都产在哪里？

艾奇：我发现水清清的地方植物多，看到的点点也多。

帅帅：它们好像都在阴凉的地方。

圆圆：这个木头下面也有卵。（水面上横跨一截木头）

瑶瑶：那边脏脏的、水少的地方就没有看见卵。

果果：产卵的地方是晒不到什么太阳的，阳光都被这些房子的影子挡住了。

小范：卵是漂着的，在水面下面一点点。

茉茉：我发现卵都连在菱角的须须上面，我刚刚还以为是菱角的种子呢！

三、认识植物

皓皓：李老师，这个就是慈姑吧？

安然：老师，这个漂在水上的是什么啊？

赫赫：老师，这个是扎扫帚的芦苇吗？

琪琪：老师，这个三角形的是什么啊？

教师：我来扫一扫查一下。

小朋友们观察、调查、统计出目前在小池塘里共发现的13种植物（加上之前的蘑菇、木耳）——荷叶、睡莲、水蜡烛、慈姑、马蹄、芦苇、浮萍、菱角、水葫芦、猪草、杂草、蘑菇、木耳。

小朋友们选择自己感兴趣的植物，并主动介绍自己的发现。

茉茉：菱角是一个一个的小三角形漂在一起。
硕硕：老师，这个鼓鼓的是什么啊？
教师：这个叫水葫芦，你们看，是不是很像围着一圈小葫芦？它开的花可漂亮了！
瑶瑶：浮萍越来越多了，它圆圆的身体下面是有根的，非常细。
教师：一起来扫描二维码，听一听大家的发现吧！

【星雨】菱角—茉茉
中三班

【星雨】荷叶—果果
中三班

【星雨】慈姑—安然
中三班

长按识别二维码查看完整故事

午餐后散步，小朋友们来到小池塘，发现卵在水里漂动，许多豆娘停在荷叶上、芦苇上，蜻蜓飞得很快，穿梭在植物中。

茉茉：快看，它们两个连在一起！
帅帅：它可能翅膀受伤了吧，它在带着它飞。
安然：李老师，它们在干嘛？
教师：这可能是豆娘爸爸妈妈在生宝宝吧。

日记15　时间：2021年5月28日，天气：晴

意外：鸭子和鹅又被放进小池塘了！

萱萱：这下卵也没有了。
圆圆：我小时候被鹅叉过，还掉皮了，你看它的嘴巴一直在水里叉叉叉。
哲哲：我发现鸭子的脚就像这样往后滑，游得好快。

皓皓五指并拢，双臂向后滑动，模仿鸭子游泳。
帅帅双手抱着头，既无奈又生气，"又来了，把老鹅抓起来，红烧吃掉！"

5月后记

立夏以来，小池塘里的生物种类越来越丰富。孩子们基于对动植物之间的相似点、不同点的观察交流，辨别和比较它们的名称和典型特征，例如关于"蜻蜓 VS 豆娘"的辩论，从而直观感知到小池塘里的生物是多种多样、千差万别的。与此同时，孩子们通过观察和点数，统计出小池塘里现有的植物种类共计13种。

随着卵的出现，孩子们的兴趣到达一个爆点。他们感知并描述卵、蝌蚪这部分生命周期的发现，初步探讨产卵规律。在目击证人刘老师的解释下，大家又有几次偶然观察到鸭子和鹅在小池塘里进食的现场，以及它们进出小池塘前后的对比证据，孩子们终于解决了4月末"蝌蚪去哪里了"的困惑，得出鸭子和鹅吃蝌蚪甚至卵的结论，初步认识到动物之间的天敌关系。基于此，他们又产生了新的问题——鸭子和鹅关不关？大家通过辩论和分析，开始理解鸭子和鹅的基本生活行为，以及它们通过进入小池塘觅食、戏水的方法得以满足自身的生存需求。

孩子们面对郁郁葱葱的各种植物时，耳边"李老师，这个是什么"的疑问此起彼伏。我及时借助手机"扫一扫"查阅资料，向大家简单介绍它们的名称，并且鼓励他们进一步描述这些植物的外形特征。

没有想到，孩子们对这些植物非常好奇，他们观察得也非常仔细。安然说到慈姑的叶子时，她脱口而出的一句"它叶子中间的这个线，就像个大蜘蛛一样"让我惊喜万分——这句描述一秒将慈姑的叶脉烙印在了我的脑海里。

日记16　时间：2021年6月2日，天气：多云

小朋友们发现木头下方的阴凉地有新产的卵，并且上一波的卵颜色、大小和形态都已经有了明显的变化。

朵朵：我发现这个木头旁边有太阳的地方就没有卵，它刚好躲在木头的影子里，青蛙妈妈好聪明啊！

琪琪：这个水在动，它也有可能是从菱角上漂到这里的。

正正：这个卵边上有个透明的泡泡圆圈。

包包：这个卵怎么不黑了？它有点黄黄的了。

硕硕：我发现它们有点散开来了。

梦梦：这个黄卵我感觉比那边黑色的要大一些。

结论：卵产在阴凉地，漂在水面或者附着在植物根茎上面。

石头上长了青苔，淤泥里冒了水芹，水蜡烛长了"蜡烛"，睡莲开了花。

现在小池塘里共计 15 种植物——荷叶、睡莲、水蜡烛、慈姑、马蹄、芦苇、浮萍、菱角、水葫芦、猪草、杂草、蘑菇、木耳、青苔、水芹。小朋友们观察写生，记录表征。

哲哲：哈哈，这个水蜡烛也太像烤肠了吧。

瑶瑶：哈哈哈，直接就串起来了。

教师：你们摸摸看。

瑶瑶：是绒绒的、软软的哎！

汐汐：慈姑的叶子像个大剪刀。

包包：我觉得有点像风筝。

正正：这是什么植物？

教师：我来扫一下，这个叫猪草。

萱萱：它的叶子有点像贝壳，上面一浪一浪的。

帅帅：真的好像，有褶子。

朵朵：这个芦苇秆子上面有节。

琪琪：老师，这个杂草长得有点像菜。

教师：哇——你们快来看，这里新冒了一簇水芹！

梦梦：我奶奶说水芹菜里面有蚂蟥呢！

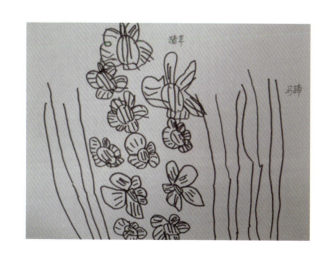

圆圆：水葫芦应该快开花了吧，我看见它的茎上面有点红红的。

小范：李老师，杂草也长高变多了。

茉茉：水芹的叶子和菱角的叶子一样哎，是那种锯齿线。

日记17 时间：2021年6月7日，天气：晴

一、初遇红线虫

瑶瑶：这是什么啊，好恶心！

包包：好可怕，像个小蛇。

茉茉：蚯蚓吧。

艾奇：咦——它一直拱来拱去。

哲哲：好像不太像蚯蚓，它怎么都不停的，一直在扭。

教师：我们回去一起查查资料，李老师也从来没见过。

结论：这是红线虫，又叫水蚯蚓，可以用来钓鱼。

二、探讨水污染

小朋友们发现最近小池塘靠种植地的那半边又干又脏，蝌蚪全都跑到清清的水域这半边，污染的水域里连一只蝌蚪都没看见。

茉茉：这边好臭啊！

赫赫：这边水都要晒干了。

安然：小蝌蚪本来是满池塘游的，现在只有这边可以游了。

包包：这里的植物都断了，光秃秃的。

皓皓：老师，蝌蚪都停在菱角那边的水底下。

结论：蝌蚪喜欢生活在清澈干净、有植物生长的水域。

日记18 时间：2021年6月9日，天气：晴

小朋友们再次观察红线虫的外形特征，一起找一找、比一比哪里发现得多。

帅帅：它有一部分钻在淤泥里面没露出来。
南南：淤泥上有好多小洞洞，它像海带一样动。
圆圆：那边脏水里有一堆，都扭在一起了。
茉茉：好肥啊，怪不得可以钓鱼。
馨馨：它就像蚯蚓一样，不过要细一点。
朵朵：它也是红色的，这里有个好粗的。
汐汐：清的水里的好像没有那边脏水里的大。

结论：红线虫红红的、长长的、细细的，生活在水底、淤泥里，身体末端固定在泥里，部分身体露出来在水里摆动。

红线虫

日记19 时间：2021年6月15日，天气：晴

一、讨论：青蛙宝宝 VS 癞蛤蟆宝宝

小朋友们发现蝌蚪身上颜色更深了，出现了灰灰黑黑的斑点。

果果：李老师，我怎么感觉它快要变身了，但是又不太像青蛙。

赫赫：它的斑点有点像我们那天收油菜看到的土蛤蟆。

帅帅：会不会是癞蛤蟆产的卵？

结果：

灰蝌蚪长大变成青蛙、泽蛙，卵块状，活动较分散

黑蝌蚪长大变成癞蛤蟆，卵带状，活动密集成群

结论：根据蝌蚪的颜色、产卵的分布形状以及游动状态，我们很快排除了癞蛤蟆，但是资料有限，我们无法辨别是青蛙还是泽蛙。

5月31日上午，中班年级组去田野里收油菜，小朋友们追着跑，大喊大叫"癞蛤蟆"。

教师：这个是不是癞蛤蟆？

果果：癞蛤蟆背上有鼓起来的包，这个是斑点，不一样。

帅帅：癞蛤蟆有浆的，麻麻癞癞的。

保育老师：这个我们就叫它蛤蟆或者田鸡，小时候在田野里经常看到。

小朋友们可以和家长一起查阅资料，比较后再排除。

结论：这个叫"泽蛙"，农村说法又叫"土蛤蟆"。

二、观察植物果实

鸭子和鹅才来过小池塘，水面上漂浮着许多被啄出来的植物果实，小朋友们捞得特别带劲，他们有的还是第一次见。

浩浩：这是什么啊，李老师？都坏了。

老师：你怎么判断它已经坏了？

赫赫：这个叫马蹄，我的这个也烂了，我吃过的，好的应该是硬硬的、白白的，这个里面都黑了。

小范：这个是菱角，两头弯弯的。

萱萱：它就像胡子，嘻嘻嘻……

果果：李老师你看，这是不是我们吃的那个莲藕？

安然：藕长在淤泥里面，所以有股臭臭的味道。

朵朵：我也找到一个菱角宝宝，它有4个角。

老师：好小啊，朵朵你是在哪里找到的？

朵朵：嘻嘻，我从菱角下面的须须上拽下来的。

琪琪：那它已经死了，长不大了，我们都是捞到的。

现在小池塘里共计16种植物——荷叶、睡莲、水蜡烛、慈姑、马蹄、芦苇、浮萍、菱角、水葫芦、猪草、杂草、蘑菇、木耳、青苔、水芹、莲藕。

三、认识动物

皓皓：有蜘蛛，它爬得特别快，我差点看不见它去哪里了。

朵朵：1，2，3……它有8条腿。

梦梦：有只蚂蚱抱着这个慈姑的秆子在休息。

正正：在哪里啊，我怎么看不见啊！

骏骏：在这里，我找到了！它的颜色也是绿的，你肯定没看出来吧？

老师：你们眼睛怎么这么厉害的！蚂蚱和蜘蛛在哪里啊？

茉茉：李老师，你还记得我们以前萝卜地里的蚂蚱吗？绿的时候，哈哈，你也找不到，后来变成棕褐色了，我们一捉就捉到了。

安然：我知道是怎么回事，蚂蚱就像变色龙一样，会变颜色的。

帅帅：对，它要保护自己不被发现。

哲哲：这里有只小瓢虫，红色的。

哲哲：哎呀——瓢虫在那片叶子背面，就在那个慈姑叶子上。

茉茉：我捞到一个福寿螺，哇——它还在动！

老师：它和螺蛳长得好像。

帅帅：螺蛳有个旋的，它就只有一个尖尖的屁股。

瑶瑶：它的肉要碰到你的手了，茉茉，我妈妈说福寿螺有好多细菌的，不能吃。

汐汐：鸭子和鹅可不怕细菌，这些它们能吃光。

果果：李老师，等下鸭子和鹅要是发现这些昆虫，它们嘴巴一啄就吃掉了。

小朋友们统计出小池塘里目前共发现17种动物——蝌蚪、龙虾、螺蛳、河蚌、蜻蜓、豆娘、鸭子、鹅、菜粉蝶、长脚蚊、红线虫、蚂蚱、瓢虫、高脚蜘蛛、福寿螺、未知虫虫1、未知虫虫2。

上学期，（秋冬季节）我们班上"一米菜园"的萝卜课程时，小朋友们发现蚂蚱是从绿色慢慢变成棕褐色的。

最近，我们阅读区投放了相关绘本，小朋友们非常感兴趣。

小朋友们通过一段时间的直接观察和间接学习，大家得出结论：

1. 大动物会吃小动物，动物的颜色和周围的植物相近可以保护自己不被发现。
2. 小池塘给动植物提供了家，植物的根茎叶和果实给动物提供了食物，让动物休息。

日记20　时间：2021年6月18日，天气：晴

上午吃完点心，桐桐、安然和瑶瑶在聊天，"马上要放暑假了，小池塘里还是蝌蚪。""对啊，也没看见它们长腿、长尾巴。""我那天在种植地里差点踩到一只蛤蟆。"

听着小朋友们期待又有点遗憾的话语，我们决定每天户外游戏时多去小池塘几次看看。终于，功夫不负有心人！

硕硕：有青蛙，你们不要挤，它都跳走了！

包包：李老师，这里有只很小的土蛤蟆。

萱萱：它们老是在荷叶上面跳来跳去，我都要找不到了。

教师：你们快仔细看看，它们长得有什么不一样？

桐桐：颜色不一样，青蛙绿绿的。

梦梦：青蛙的眼睛中间有条黄色的线。

馨馨：泽蛙好像癞蛤蟆。

安然：我也发现了，正中间有条线连下来，是橙色的。

结论：小池塘里的灰蝌蚪有的是青蛙宝宝，有的是泽蛙宝宝。

小朋友们统计出小池塘里目前共发现 19 种动物——蝌蚪、龙虾、螺蛳、河蚌、蜻蜓、豆娘、鸭子、鹅、菜粉蝶、长脚蚊、红线虫、福寿螺、蚂蚱、瓢虫、高脚蜘蛛、青蛙、泽蛙、未知虫虫 1、未知虫虫 2。

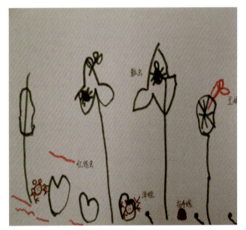

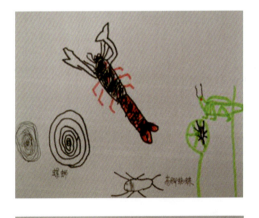
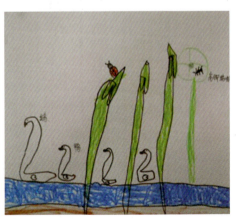

6月后记

进入盛夏，天气愈发炎热，梅雨季节接踵而至。孩子们观察感知植物不同时期的形态变化，认识对应的花和果实，调查并计数新长出的植物种类。

孩子们通过观察、调查，认识了"红线虫"这种新生物，发现鸭子和鹅吃它，以及初步了解了它的生长环境。大家通过目测对比得出：脏脏的水底红线虫比清清的水底数量多的结论，并且讨论"水污染"的问题，从而初步了解到红线虫和小池塘环境之间的关系，以及进一步感知节气对环境的影响。

孩子们在各种各样的植物茎叶上发现并统计蚂蚱、瓢虫、高脚蜘蛛等动物共19种，大家自主描述它们的外形特征，个别孩子迁移概括出昆虫和植物颜色相近的"保护色"的概念，以及小池塘、植物、动物这三者之间的部分关系——小池塘给动植物提供了家，植物的根、茎、叶和果实给动物提供了食物，让动物休息，大动物还会吃小动物。

临近暑假，孩子们经过一学期的长期观察，大家发现卵的变化并总结出卵产在阴凉地，漂在水面或者附着在植物根茎上面的规律。与此同时，大家意外地发现了蹦来蹦去的青蛙和泽蛙，通过观察和表征，丰富了对卵和蛙的形态认知；借助调查和对比，得出小池塘里的灰蝌蚪有的是青蛙宝宝，有的是泽蛙宝宝的结论。

在孩子们寻找昆虫和探讨成蛙时，我及时借助"识万物"等APP扫描查阅。我发现网络也有其局限性和争议性，后续建议利用家乡人文资源，把生物老师或者农科院专家"请进来"，为大家科普相关知识。

学期进入尾声，我深深地感受到孩子们带给我的惊喜和感动。学无止境，他们的视角在继续变换，我也将追随他们的脚步继续前行。

我的心得

近年来，"生态观"备受重视，我园也积极致力于"生态式课程"建设。起初，我并不知道如何把我园丰富的自然资源和课程很好地融合内化，但经历了"小池塘"为期三个半月的自然观察，幼儿关注小池塘，我关注幼儿，我豁然开朗——生态观其实是一种关系思维。

我班邂逅小池塘里的蝌蚪纯属偶然，但后续带来的惊喜和收获却数不胜数。在这个长期的探究过程中，幼儿的认知、能力、情感各层面都获得了发展。在认知维度，幼儿能用联系的眼光去思考问题，了解到节气对环境和生物的影响、动物和植物之间的关系、动物和动物之间的关系、动植物对环境的影响等，这种转变正是生态观的体现。在能力维度，幼儿通过反复地观察现象、提出问题、做出猜想、验证猜想、得出结论这一系列环节，发展了观察能力、思考能力、交流表述能力、绘画写生能力等。在情感维度，幼儿立足于兴趣，对蝌蚪等弱小生命萌发了爱护之情和探究欲望，意识到要爱护动植物，关心周围环境，亲近大自然，这种情感内驱力对幼儿的行为导向具有正面的指引作用。

现在，我找到了自身所欠缺的角色定位——观察者。这种"非必要时不干预"的追随状态给足幼儿主导的空间，是对幼儿真正的尊重和信任。事实证明，这种状态下的孩子是鲜活的、有温度的，课程也是和谐的、有生命的。

立灿和一棵树的故事

句容市天王镇中心幼儿园

赵丹丹　屠　芳

一、初遇银杏树

9月25日下午户外游戏，小朋友们在一区户外娃娃家玩烧菜游戏时，苡泇在树下捡到金黄色的叶子，开心地喊来涵涵，说："真好看，像个小扇子。"涵涵点头赞成，说："我们捡树叶吧。"

于是苡泇和涵涵这儿捡一片，那儿捡一片。

捡到的叶子越来越多，苡泇：老师，你能帮我拿一下吗？

作为教师的我拒绝了苡泇：可是，老师手里拿不下这么多。

我想知道苡泇会怎么解决这个问题。

苡泇：嗯……我知道了。

于是苡泇找来一个大篮子，和涵涵两人继续捡起了叶子。他们边捡边交流起自己的发现：这片叶子黄黄的、这里有个洞、这个也好看。

不一会儿两人就捡了半篮叶子，涵涵向我炫耀起来：老师，你看这些叶子好好看。

教师：那你知道这些叶子是谁的树叶宝宝吗？

涵涵抬头指向银杏树，回道：老师，不就是这棵树吗？

教师：那你知道它叫什么名字吗？

苡泇：我知道，叫扇子树。

教师：扇子树，真是个好听的名字，它叫银杏树喔。

"银杏树。"涵涵重复道。

苡泇看着这些树叶宝宝，说道：老师，这些树叶宝宝好可怜，它离开了大树妈妈，我们要保护它们。

于是苡泇拉着涵涵、阳阳捡起了树叶，他们要捡好多好多的树叶宝宝，把它们带回我们班。

第二天晨谈时，苡泇和小朋友们一起分享了昨天的战果，给他们看银杏叶宝宝，看这些小树叶好可怜呀。

身为教师的我问出了疑惑许久的问题：为什么小树叶好可怜呢？

苡泇：因为小树叶离开了妈妈，还要被蚂蚁吃掉，地上好脏。
教师：那小朋友们为什么喜欢捡这个树叶（银杏叶）呢？其他的叶子也落在了地上呀。
涵涵：这个叶子好看，可以卖钱。
苡泇：因为这个好漂亮，像扇子，我还可以扇风。
雨晨：它黄黄的，亮亮的，好看呀。
教师：那你们知道它叫什么名字吗？
苡泇喊道：扇叶，它叫扇叶。
于是全班小朋友也都跟着说："它叫扇叶"。

我想纠正幼儿对银杏叶的认识，于是，一起观看了秒懂百科。

大家看完才知道，"扇叶宝宝"不叫"扇叶"，它有个好听的名字"银杏叶"，"真好听，它还有可爱的小果果"。

大双挠了挠头：可是，我没看见它的果子。

苡泇：我见过，就在散步的时候。

原来苡泇和妈妈经常会在晚饭后散步，最近秋意正浓，银杏果纷纷落地。

"哇，你好厉害呀。"苡泇被大双表扬了，笑得开心极了。

老师的话

秋天的落叶很多，然而因为独特的缘分，让银杏叶和苡泇宝宝开始了一段奇妙之旅。扇形的银杏叶不同于常见的落叶，扇子的形状让小朋友诗意地给它取名"扇子树"，黄色的银杏叶让苡泇小朋友一眼发现它的美丽，同时也不由地同情它的可怜，"老师，树叶宝宝好可怜，它离开了大树妈妈"，从而产生了捡落叶、带它回班、保护它的想法。回班后的分享讨论，进一步积累了全班小朋友对于"银杏叶"的生活经验，引发孩子们从颜色、形状、果实和名字等多感官细致地认识银杏树，调动了孩子们对于秋天落叶的探索。同时，苡泇作为一个中班上学期的宝宝，在她看来小树叶离开了大树妈妈已经很可怜啦，还要落在脏脏的大地上被蚂蚁吃掉，从而深化了苡泇对于银杏叶的同情。

二、大大树和小小虫

9月28日一夜狂风暴雨,第二天,小朋友们来到银杏树下游戏。

突然苡洳大喊了一声:树叶都掉了,一地的,都掉了。

大家听到都跑过来看。

涵涵感叹:哇,好多树叶呀。

于是,拿起放大镜东照照,西看看,"老师,这里有树叶宝宝"。

苡洳指着地上喊:这边,这边都是树叶宝宝,是这棵大树上的。

苡洳:老师,树叶宝宝好可怜啊……

苡洳捡到一片树叶,跑到我面前:老师,这树叶宝宝有好多水呀。

教师:那你们猜猜树叶为什么会落下来?

苡洳抢答:我知道,是风刮的,你看树上风还在吹。

旭旭:还有打雷,昨天我听见雷声了。

涵涵:不对,这都是老树叶。

大家的答案好多,于是,小朋友们开始寻找树叶,通过观察来证明自己的答案。

涵涵找到一片叶子:老师,你看这叶子上有一点点绿色。

苡洳发现一个有洞的树叶:老师,这有个大洞,树叶宝宝好可怜。

小朋友们找到很多有大小不一洞洞的银杏叶,我问小朋友们:这些树叶宝宝身上的洞洞是怎么来的呢?

苡洳抢答:是虫子咬的。

教师:是什么虫子咬的?

悠悠:是毛毛虫吃的。

苡洳补充道:我看过,对,毛毛虫。毛毛虫会吃叶子变成美丽的蝴蝶。

旭旭拨动着地上的树叶:你们看,有蜘蛛,(树叶上的洞)是蜘蛛爬的。

苡洳疑惑道:虫子哪会吃这么多呢,吃这么多它不撑吗?

墩墩立刻回复:不会,它爱吃。

苡洳:老师,这个叶子也坏掉了,肯定是小蚂蚁。

苡洳蹲在地上摸了摸树叶宝宝,把树叶宝宝托在手心里:老师,树叶宝宝离开了大树妈妈,还要被这么多小虫虫吃掉,好可怜呀。

小朋友们猜测出是蚂蚁、老鼠、毛毛虫等吃了银杏叶宝宝，于是，回班后大家将自己的猜想纷纷画了下来。

下面有蚂蚁，蚂蚁咬的洞

蚂蚁咬的洞

小麻雀咬的洞

叶子上面有蜘蛛，蜘蛛咬的洞

我看见喜鹊了，就是它咬的洞

毛毛虫，我看见过它吃青菜

老鼠的嘴巴尖尖的，这个洞尖尖的

第二天早上,苡洳在晨谈时和小朋友们分享了一个趣事:早上苡洳在小庭院里目送了一只蝴蝶飞向自己的家——桂花树里,并告诉大家"蝴蝶要生活"。

在和全班小朋友们讨论时,苡洳问道:"老师,有没有蝴蝶住在我们的银杏树上面呢?"

于是,晨锻、饭后散步我们多次去寻找银杏树里有没有蝴蝶。

教师:苡洳,你觉得银杏树上面会有蝴蝶吗?

苡洳:没有吧,我没看见。

教师:为什么蝴蝶不生活在银杏树上呢?

苡洳:树叶宝宝都掉了,蝴蝶都没有地方睡觉了。

苡洳:蝴蝶宝宝没有盖被子会冻死的。

小双:老师,这有蚂蚁。

涵涵:我找了蜘蛛,咦(嫌弃)。

教师:难道蚂蚁、蜘蛛睡觉不用盖被子吗?

涵涵:可能……可能小蚂蚁睡在地底下。

苡洳:小蜘蛛它睡在蜘蛛网上,它不盖被子。

原来是这样呀。

(银杏树上会不会有蝴蝶?)

(银杏树上有蜘蛛、有蚂蚁)

老师的话

虫和树是什么关系？此处展现出5岁幼儿的科学思考能力和想象能力，孩子们由一夜落叶，根据自己观察，结合已有经验，联想到前一天雷雨交加的天气，联想到呼呼在吹的风，联想到树叶的老化，并寻找雨水、落叶为自己的猜想进行佐证。当面对"树叶宝宝的身上的洞洞是怎么来的"这一问题，幼儿由毛毛虫吃青菜的经验想到了小虫子，从而根据洞洞的形状、叶子周围生存的虫子猜测出是蚂蚁、老鼠、毛毛虫等吃了银杏叶宝宝。而苡汹对于银杏叶宝宝离开妈妈还要被这么多虫子咬食表现出极大的同情，开始产生"摸了摸树叶宝宝，把树叶宝宝托在手心里"一系列温柔小心的动作表现。

在苡汹意外目送了一只蝴蝶飞向自己的家——桂花树后，告诉大家"蝴蝶要生活"，小朋友们开始了虫与树的探索，发现虫与树相互生活。

三、叶子宝宝它不想

（9.25）

（10.8）

深秋，在小朋友们本该脱掉短袖换成长袖的日子里，因为温度的回升，银杏树发生了神奇的返绿现象，银杏叶不再持续变黄凋落了。

10月8日国庆长假一结束，小朋友们立马去看望我们的银杏树。

苡汹：老师，你看这片叶子，有一边是黄色，有一边是绿色。

涵涵：老师，为什么银杏叶不掉啦？

旭旭摘了一片叶子：你看，有一边是好的，有一边是坏的，它还没长好。

苡汹：它还不想呢。

教师：今年的秋天有点奇怪，它爱睡懒觉，现在天气还是很热，树叶宝宝以为还是夏天，于是又把黄色的衣服换成了绿色的，不凋落了。

苡冽说道：对，树叶宝宝还没准备好，它不想。

苡冽：老师，它们（银杏叶）不想离开它们的妈妈了。

教师：你们猜猜树叶宝宝什么时候才能准备好落下来呢？

苡冽：嗯嗯……应该是等到下雪的时候，最后这个树叶就会落下来了。

教师：你觉得还需要多少天呢？

苡冽想了想：嗯嗯……需要很久很久的时间，你就等呗。

后来的每天，小朋友们都会去看看返绿的银杏树什么时候落下叶子来。

老师的话

作为中班上学期的幼儿，孩子们对银杏树产生了极大的好奇，以苡冽为典型，他们开始对银杏树落叶进行了长期的观察与探索，来寻找季节、温度与落叶的关系。当温度回升时，银杏树发生了神奇的返绿现象，银杏叶不再持续变黄凋落了，小朋友们敏锐地发现叶子上"一边是黄色，一边是绿色"，而且"银杏叶不掉了"。作为教师的我运用了小朋友们的生活经验进行了简单的解释，苡冽则浪漫地道出："它们（银杏叶）不想离开它们的妈妈了"，苡冽从刚开始的同情银杏叶离开妈妈，到长期地观察发现随着温度变低，银杏叶一点一点地凋落。她开始把自己代入银杏叶，特别是在老师解释过叶子不落只是因为温度回升后，苡冽依旧选择相信那是银杏叶不想离开它的妈妈。此处的不舍情感达到高潮，甚至希望这个落叶的时间是"需要很久很久的时间"。

四、和叶子宝宝游戏

1. 寻找园子里的树叶宝宝

经过一段时间和银杏树的相处，苡迦对幼儿园里各个大树的落叶产生了兴趣，开始进行了落叶的观察与收集，开始好奇大树落叶的名字了。

于是，每天中午，苡迦开始了我们的大树探索之旅。苡迦带回她的发现，寻找树叶宝宝的名字，和小朋友们一起制作了"大树的秘密地图"。

"大树的秘密地图"

2. 阅读区：《异形记，叶片也疯狂》

苡沏最近喜欢上阅读区的一本书，它的名字是：《异形记，叶片也疯狂》。

苡沏打开封面指着枫叶说：这是五角星叶。

看见银杏叶开心地说：银杏树，银杏树。她要带袋子装树叶宝宝。

第一张介绍了鸡爪槭，"老师，小三班树上不是有很多嘛。"

苡沏指着绿色卡片、黄绿相间的卡片说：这是很好看的颜色，这也是很好看的颜色。

对黄褐色卡片说：这个是坏掉了的颜色。

当看到月份色卡时，苡沏手指着从一月份念叨：棕色、深棕色、变成绿色啦，青绿色、绿色、深一点点的绿色、深绿色、有点黄啦、黄绿色、橙色、紫色、深紫色，没啦。

终于到了银杏树：哇，银杏树叶变绿，变成这个样子的（黄色），结出小果果。

游戏分享时，苡沏问道：叶子有这么多形状呢？

苡沏：为什么叶子有这么多不同的形状呢，有椭圆形、手指形、扇子形等？

雨晨：因为是阳光晒的。

悠悠：就是有不同的叶子（天生就长这样）。

安康：因为它很小的时候就这样长出来的。

旭旭：哪个树得到了营养，哪个树干就长得越来越粗，越来越大，树叶也可以跟着大树长得越来越粗，越来越大。

月亮：每个大树都不一样。

苡沏：我知道啦，是大树、树叶和果子一起开会开出来的。

老师的话

苡沏在和银杏树的相处中，逐渐产生了对其他树叶的兴趣，由一片叶子联系到院子里的其他叶子，可谓是"一花一世界，一叶一菩提"。在阅读时苡沏对有关于树叶的书籍更加感兴趣，认识了各种各样的异形树叶，了解了"银杏树叶变绿，变成这个样子的（黄色），结出小果果"。甚至在和其他小朋友的分享中初步讨论到不同的环境、种类会形成不同的树叶，阐述环境对大树的影响。

游戏时间，大家都在玩耍时，苡沏总是会自发地捡拾一些自己喜欢的树叶，向我炫耀她的战利品，其实她并不好奇叶子的名字，也不感慨叶子的美丽，只是觉得那才是她真正想玩的游戏。当小朋友们用叶子进行烧烤、快递等角色游戏时，苡泇依旧静静地洗净罐子，捡拾落叶，装进罐子；当小朋友们用树叶进行手工时，苡泇更喜欢举起叶子左看看，右看看。叶子在苡泇的眼中是有血有肉的小宝宝，是真正的树叶宝宝，是需要被善待的小宝宝。

五、叶子宝宝，睡觉觉

时间走进冬天，我们班因为水痘进行了居家隔离，隔离结束，我们发现银杏树慢慢变秃了。于是，剩下的日子里，我们边画边陪伴银杏树。

苡沏：感觉银杏树要光秃秃的了。

教师：那树叶全部落光，你会伤心吗？

苡沏蹦蹦跳跳地和我说："伤心"。

苡沏在银杏树下蹦蹦跳跳地说：银杏树叶过冬啦。

苡沏：1、2、3、4、5……看我找到一个树叶宝宝，你们都看不见它，它很小很小的喔。

惜惜也和苡沏一起数着，数着数着，惜惜走到树下，抱住树干晃了晃，摇了摇，苡沏："树叶宝宝，你在哪？"苡沏自问自答起来："它在妈妈怀里睡觉觉。"

苡沏又从地上捡起一片树叶：啊，这个这个……

苡沏边捡着树叶边说：树叶宝宝，它不愿意离开它的妈妈。

苡沏：它和妈妈在睡觉觉。

苡沏捡起地上的树叶：这个当它的妈妈，这个当它的爸爸，爸爸妈妈宝宝们一起睡觉觉。

老师的话

短暂的秋天转瞬即逝，冬天终将来临，银杏叶也将落尽，一路走来目睹了苡泇对银杏树宝宝的日久生情，她可怜银杏树叶宝宝，害怕树叶宝宝离开大树妈妈。我设想过："如果苡泇和大树日久生情，当树叶落尽，苡泇是否能接受落叶归根的现实呢？"我害怕极了，害怕苡泇会无法面对光秃秃的银杏树，伤心至极。然而，所幸，结局出乎我的意料，"它在和它的爸爸妈妈一起睡觉觉"童话式的答案，多么诗意而梦幻的结局。多么神奇，孩子她用自己的智慧达到了与落叶归根、生老病死等自然规律的和解，从而获得内心的平和。这种人与自然的和谐是我们作为成人需要向孩子们学习的地方。

教师的思考

作为一名教师，我有幸见证了苡泇和一棵银杏树的故事，目睹了苡泇对银杏树宝宝的日久生情，教育需要回归自然，回归本真。大自然是孩子们最好的老师，陶行知老先生说过："我们要解放小孩子的空间，让他们去接触大自然中的花草、树木、青山、绿水、日月、星辰。"

苡泇在和一棵银杏树的相处中，回归自然，回归本真，了解到了虫和树的联系，蚂蚁、小鸟等有的小动物会咬叶子，而蜘蛛、蚂蚁等会在叶子里、大树下生活。苡泇还用"不想离开妈妈""睡觉觉"等童言，自问自答地解释了大自然秋收冬藏的规律。

苡泇超强的同理心、共情能力是小中班幼儿的典型，虽然随着她的长大，她会逐渐认识到树叶的凋落、秋收冬藏是自然现象，慢慢地苡泇可能会冷眼旁观、不再温情以待。但作为一名幼儿教师，我愿意让孩子在当下，在童年里活得更像孩子，我愿意尽我所能保护如苡泇般的幼儿，在可以做梦的年龄里，放心大胆地睡吧。

未来的事情何须着急，孩子，愿你慢慢长大，慢点，再慢点。

蛋宝宝 鸡宝宝

句容市天王镇中心幼儿园

赵丹丹 张才智

教师：小朋友们，我们幼儿园的赶集会就要来了，你们想在赶集会上买点什么东西放在我们的小庭院里呢？

小朋友：西瓜、仓鼠、小兔子、草莓、番茄等。

教师：那你们想好养什么小动物去换这些西瓜苗、草莓种子吗？

雨晨：我家里有小鸡，所以我想养些小鸡，好多好多才够。

星辰：我也要小鸡。

俙俙：小鸡好可爱的。

于是，全班小朋友一致愿意养小鸡宝宝。

一、鸡妈妈 PK 孵化器

1. 蛋宝宝都能变成小鸡吗？

教师：那小鸡宝宝从哪里来的呢？

雨晨：它从小鸡蛋来的呀。

轩轩：生的，鸡妈妈生的。

尧尧：可以偷鸡妈妈一个蛋，生出来。

季阳：买呀。

教师：那是所有的鸡蛋都会变成小鸡吗？哪种蛋蛋可以呢？

雨晨：有一些会变成小鸡，有一些是我们吃的鸡蛋。

紫涵：我们吃的鸡蛋不会变成小鸡。

涵涵：有黑点点的会的。

关于这个问题大家产生了很大的分歧，于是我们发放调查表，采访爷爷、奶奶、爸爸、妈妈。

调查表

在下午点心时间吃鸡蛋时，小朋友们也有了自己的发现。

苡沏：老师，这个蛋蛋可以变成小鸡，它有小点点。

墩墩：我看看呢，真的有，在蛋黄里面。

旭旭：那是它的胚胎，它会变成小黑鸡。

墩墩：那我们拿这个蛋蛋孵小鸡呗。

尧尧：这个不行啦，这个是我们吃的蛋，孵不出来了。

旭旭：要母鸡刚生出来的鸡蛋。

老师：那小朋友们可以回去找一找、挑一挑蛋宝宝。

回家后，小朋友们开始挑选蛋宝宝啦。

洋洋：我妈妈把鸡蛋打在碗里，有血丝的可以变成小鸡。

妍妍：我和爸爸用手电筒照了照，有的里面红红的、有好多点点。

雨晨：奶奶说母鸡下的蛋是可以的。

旭旭：鸡蛋都是母鸡下的呀。

星辰：不一样，我家是有公鸡的，它们一起生的鸡蛋。

经过小朋友们和家长们的一起探索，原来不是所有的蛋宝宝都会变成鸡宝宝，得需要"受精蛋"，这个蛋宝宝是公鸡和母鸡一起生出来的。它的特点是：里面有小点点，也就是"胚胎"，用手电筒照里面可能还会有血丝。

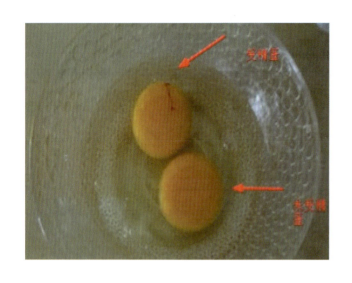

第二天早上户外游戏时,欣欣发现了一条蚯蚓,小朋友们讨论将它送给公鸡和母鸡换鸡蛋宝宝。

小朋友们找到了饲养场,对着土灶的稻草堆里的母鸡大喊。

苡沁:快,母鸡在这里下蛋,母鸡下蛋咕咕咕……

小朋友们看着母鸡跃跃欲试却又不敢动,这时尧尧蹲了下来。

尧尧:有没有鸡蛋呢,把它抱起来看看呗。

于是,旭旭扯起母鸡的屁股看了看,"没有,没蛋"。

轩轩:我们要让它生蛋宝宝,我们需要。

豪豪:那我们等一等,它需要时间吧。

小朋友们围着母鸡左看看,右看看,母鸡还是没有下鸡蛋。

这时,路过的熊大厨奶奶说:这只母鸡已经下完鸡蛋了,它想孵小鸡啦!

2. 谁来当鸡妈妈?

后来,熊大厨奶奶热情地帮我们收集来20个鸡蛋,鸡蛋宝宝到手啦,但是问题又来了:谁来当鸡妈妈呢?

小朋友们带着问题（母鸡能孵出来鸡宝宝吗）采访了幼儿园的农科专家——熊大厨奶奶。

尧尧：我想让母鸡把蛋宝宝变成鸡宝宝。

熊大厨：小鸡需要母鸡慢慢孵化，需要21天才能孵出来。

尧尧：21天？（挠头）

旭旭：可是那只鸡躲在那里不动，它也不下蛋呀。

惜惜：那母鸡什么时候生蛋呀？（小朋友还想让母鸡自己下蛋、自己孵蛋）

熊大厨：它已经生完鸡蛋了，它在孵小鸡啦，现在就是要把鸡蛋放进去让它孵小鸡。先把母鸡抱起来，把鸡蛋放进去，再让母鸡进去，让它孵。

涵涵：这样就有小鸡了吗？

熊大厨：母鸡孵化时候热热的，蛋热热的，到时候，小鸡才能从里面啄破鸡蛋，破壳而出呀。

惜惜：可不可以让它孵出来小白鸡呀？

熊大厨：有小花鸡，还有小黑鸡，也不知道会出来什么鸡，里面有很多品种，现在也不知道会出现什么鸡，等它孵化出来才会知道呢。

旭旭：母鸡拉屎怎么办？

熊大厨：孵化时，母鸡会自己下来，拉尼尼、吃食物，等它拉完了吃好了再上去孵鸡蛋。它一直把小鸡孵出来才会离开。

小朋友们：喔——

"母鸡孵蛋队"回到班上和小朋友们分享了关键信息。

"需要21天。"

"要给母鸡喂好吃的。"

"母鸡要一直待着。"

"会有好多种小鸡,有小黑鸡。"

不仅如此,我们还每日都观看一遍科普视频,了解孵化时蛋宝宝21天的详细变化。

有了蛋宝宝,小朋友们在小庭院的草地上铺上了野餐垫,小心翼翼地盘腿坐下,用水彩笔装扮属于自己的鸡蛋宝宝。

"我的是一个大魔王,它很强大。"

"我给它写上我名字的缩写。"

"我给它画了好多粉红色的爱心。"

"我的是数字1,它会第一个出来。"

……

蛋宝宝们加油。

蛋宝宝画好啦,我们找到了饲养场的母鸡妈妈。

雨辰:先把老母鸡给它用手抱起来,再把蛋蛋一个一个地放进去,再把老母鸡放回原位。

小朋友们都很害怕母鸡会啄他们,尧尧却跃跃欲试,于是,我们派尧尧为代表。

尧尧上前,跨开腿,抓住母鸡的两个翅膀,将母鸡提了起来。

小朋友们既害怕又兴奋地尖叫了起来。

尧尧和旭旭一起把母鸡按在一边的草堆中,小朋友们抱着自己的小鸡蛋,开始轻轻地放鸡蛋啦。

豪豪:天呀,我不敢,我好怕。

有的小朋友们放完鸡蛋宝宝,立马收手,也有胆大的小朋友们趁机摸一摸母鸡。

微微:好臭呀,好臭。

季阳是最后一个放入鸡蛋宝宝的小朋友，放完鸡蛋后，他把蛋宝宝排成了一个圆形。

尧尧和旭旭想把母鸡妈妈赶进鸡窝里，"嘘嘘，进去，进去孵蛋"，可是鸡妈妈被吓怕啦，一动不动。

最后，鸡妈妈还是被抱进满是鸡蛋宝宝的窝里。

小朋友们将14个小鸡蛋放进了鸡窝后，当他们和鸡妈妈告别时，惜惜蹲了下来，摸着母鸡的羽毛，说："乖乖孵蛋，我会给你带好吃的好喝的。"

突如其来的疫情，让小朋友们错过了母鸡孵蛋、小鸡破壳的关键时期。4月22日，小鸡宝宝在大家的期待中破壳而出，一个个躲在母鸡妈妈的翅膀下，悄悄地探出小脑袋，可爱极了。

于是，老师在线上和小朋友们分享了这份喜悦。

最后一只蛋宝宝

至4月22日小鸡破壳起，大家发现还有只蛋蛋没有反应。

阳阳：外面太冷了，它睡着了。

尧尧：母鸡每天都孵着，很温暖的。

旭旭：它没有变成胚胎，是我们吃的鸡蛋。

季阳：我们用手电筒照照就知道了。

于是小朋友们用手电筒照了照，里面果然有一块黑黑的。

苡泇：是小鸡，黑黑的。它能孵出来的，它需要休息。

后来，大家将鸡蛋放在了鸡妈妈屁股下面又孵化了6天，还是没有孵化出来。于是，小朋友们忍痛敲碎后发现了一只死掉的小鸡宝宝。

尧尧：它已经死啦，它没有力气出来。

洋洋：它开始长小毛啦。

旭旭：它的胚胎都发育好啦，肠子都进入肚子里啦。

苡泇：好可怜呀，它只要再努力一下下就好。

孵化器 VS 鸡妈妈

在晨谈时，尧尧：我在涂老师班上看见一个微波炉，里面还放了好多的鸽子蛋。

旭旭：涂老师说那个是孵化器，孵蛋宝宝的。

雨晨：能帮我们孵鸡蛋宝宝吗？

悦悦：可以，它是热热的，鸡宝宝很乖的，一会儿就出来了。

季阳：不对，要很长时间的。

尧尧：那我们向涂老师借一天，等鸡宝宝出来了，我们再还给涂老师。

于是，孵化器小分队上楼，向大一班借孵化器啦。

由于大一班当时正在使用孵化器孵化鸽子，小朋友们没有借到孵化器。5月初，大一班的涂老师终于给我们带来了好消息，孵化器可以借给我们孵化蛋宝宝啦。

孵化器孵蛋开始啦。

教师：我们的孵化器是怎么使用的呢？

悦悦：我们要插上电才能用。

季阳：要先把鸡蛋放进去，打开开关等21天就可以看见小鸡啦。

教师：那孵化蛋宝宝需要多少温度合适？怎么看呢？

旭旭：应该像母鸡孵蛋宝宝一样的温度。

尧尧：孵化器上面有红红的数字。

第一次见到孵化器的孩子们十分兴奋，里面有滚轮、有加水的容器、有保温泡沫箱……可是，怎么操作呢？大家一起观看视频进行了学习，认识了左边的是温度，右边的是湿度。

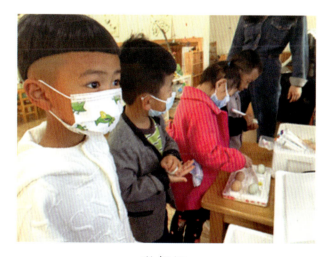
做标记

放蛋

在每日观察的过程中，孩子根据观察记录下孵化器的温度、湿度以及孵化器是否发出叫声。

翻蛋 照蛋

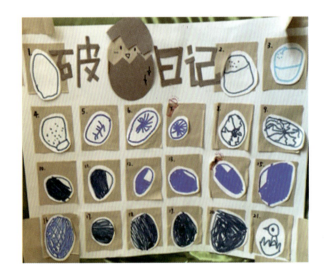 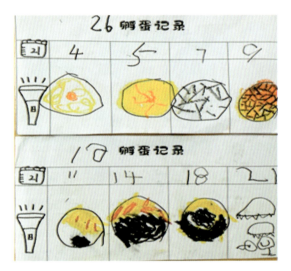

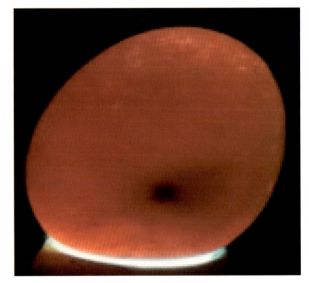 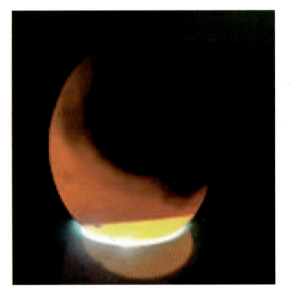

第7天有明显的血丝，还有小点点　　　第14天有些黑黑的，有明显的分界线

终于,在小朋友们的细心照料下,5月30日一早,大家听见了叽叽叽的叫声,打开孵化器一看,一个可爱的鸡宝宝诞生啦。

然而剩下的蛋宝宝迟迟未动,又等了10天,小朋友们开始了他们的探索。

放入温水观察

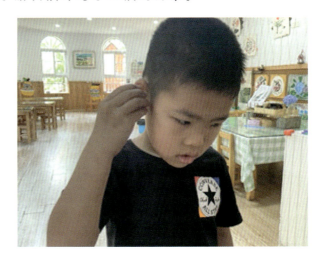

听一听

敲碎看看

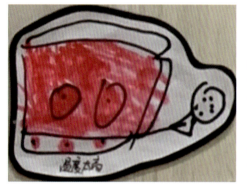

温度太高啦　　　　　　　　小鸡死在里面了　　　　　　　　不是受精蛋

教师的思考

阳春三月，万物生发。为了在幼儿园的赶集会上交换到夏天需要的西瓜苗、草莓苗、番茄苗等，小朋友们便想自己孵化出小鸡宝宝去交换，那"鸡宝宝是怎么来的？"于是幼儿开始了对生命诞生的探索。

作为中班的孩子，小朋友们根据已有的生活经验初步了解了鸡和蛋的关系：鸡蛋源自"生的，鸡妈妈生的"，鸡宝宝则由鸡蛋而来。然而具体是怎么孵化出来的，是不是蛋宝宝都能变成小鸡呢？这一系列更详细的问题便需要小朋友们进一步去探索。在调查受精蛋时，孩子们表现出极强的探究能力，能利用常见的水煮蛋，通过观察比较分析受精蛋和一般鸡蛋的区别。在面对如何孵化蛋宝宝这一问题时，孩子们更是充分利用周边的人力和物质资源，积极调动生活经验，联想到饲养场的母鸡和大一班孵鸽子的孵化器，从而进行了一场传统孵蛋与科技孵蛋的较量。

孵蛋21天漫长的等待大大锻炼了幼儿的耐心，每天的悉心照顾更是让幼儿了解到生命的来之不易，学会了尊重和珍惜生命，保护自然环境。

二、铲屎官的日常

1. 小鸡宝宝的别墅

小朋友们回到幼儿园，开心地向老师学习如何照顾小鸡宝宝，随着鸡宝宝一天天地长大，我们遇到了问题。

晴天：晒太阳、喂食、喂水

雨天：室内陪玩，包围住不让风吹它们

小鸡宝宝长得真快，转眼间已经是小鸡出生的第二周啦，原来的纸盒之家已经不能满足小鸡宝宝啦，它们开始展翅"越狱"了。

阳阳：老师，我觉得我们不能养它们了。

薇薇：它们拉屎屁屁。（薇薇是每日铲屎官）

惜惜：我们送它们去饲养场吧。

俶俶：我不想，它们还很小呢。

旭旭：我们不能给它造个家吗？

尧尧：就像饲养场一样的，有个小房子。

于是，小朋友们开始设计小鸡宝宝的豪华别墅。

涵涵：我要给它造个泳池，这样就能和小鸭鸭一样游泳了。

旭旭：它是鸡，你这样它不会淹死吗？

旭旭：我要给它好多好多的饲料，它可以天天吃。

侞侞：我要给它玩具。我的有好多层，一层住一只鸡。

于是，小朋友们开始分工，有的去沙池、种植地找来了铁锹、小锄头，有的去木工馆找来了锤子，有的找来了废弃的玩具和栅栏。

准备工具

挖土

装栅栏

埋深一点

母鸡一家在小院子里的豪华别墅开心地生活着

2. 小鸡宝宝长大啦

随着小鸡宝宝的长大，小朋友们开始了对小鸡的探索。

旭旭：老师，火焰长鸡冠啦，它肯定是公鸡。

尧尧：没有鸡冠的是老母鸡，而且母鸡与公鸡不一样，公鸡有大大的鸡冠。

敦敦：小调皮也有黑黑的鸡冠，妈妈说小调皮是珍珠鸡，因为它的羽毛像珍珠一样。

旭旭：母鸡的鸡冠在小缝缝里，就一点点大，公鸡的鸡冠是很大很大立着的，就像火焰的鸡冠一样。

惜惜：哇，我的火焰好好看，它的毛有好多，有些变成棕色的，可威风了。

旭旭：我的小调皮也长大了，屁股最先长毛，它的屁股越长越长，所以它的尾巴越来越长啦。翅膀也长大了，有黑有白的，还有红红的鸡冠。

尧尧：它的羽毛还可以有水滴呢。我们早上浇花时，那些水在小鸡身上都变形成球啦。

旭旭：对呢，小调皮的羽毛都可以防水啦，下雨它都不怕。

薇薇：我的薇薇还会飞呢。

妍妍：我看见鸡飞到房子上去啦。

阳阳：我的小黑也会飞了，它还会刨坑洗澡呢。

保育老师：你们的鸡也会拉屎呢。

原来，我们放养母鸡一家，会飞会跑的鸡宝宝们每天很嚣张地在幼儿园里散步，随地大小便。于是小朋友们悄悄跟随观察。

母鸡一家去散步图

妍妍：我画画时看见它们玩我们的攀爬架。

墩墩：它们还会坐在跷跷板上面。

悦悦：小鸡宝宝喜欢吃我们的绣球花。

季阳：昨天放学我看见它们去中四班啦。

侬侬：母鸡们会趁大家睡着了，到教室走廊里拉屎。

薇薇：它们喜欢去后面树下面找虫子。

惜惜气呼呼地说：对呢，昨天还被小一班弟弟揪尾巴了。

……

教师的思考

破壳而出的惊喜,让每一个孩子拥有"为鸡父母"的喜悦。然而鸡宝宝的成长过程中除了毛茸茸的可爱,还有吃喝拉撒的烦恼,每日铲屎官的工作更是苦不堪言。最后,因为鸡宝宝一天天地长大,住所成了燃眉之急,孩子们调动生活经验决定建造小鸡别墅。于是,幼儿开始设计图稿、寻找材料,与同伴分工合作共同建造小鸡别墅,在埋栅栏时困难频发,孩子们并没有放弃,能积极想办法,利用埋、锤、加固等方式克服困难。

三、意外与死亡

1. 生病与打针

今年的赶集会,因为疫情我们采取了线上的活动。浦溪幼儿园用油桃和我们交换小鸡宝宝。

教师:拿几只换呢?哪几只呢?

阳阳:1只吧,换完了再送回来。

季阳:3只,把母鸡也送过去,不然它们会害怕。

惜惜:2只,1只会害怕的。

薇薇:都换,这样死了1只又有1只,死了1只又有1只。

伈伈:我不想换,我不吃油桃了。

雨晨:就换小黄和薇薇。

旭旭:我不要换小调皮。

惜惜:火焰也不行。

后来,我们和浦溪幼儿园中四班的小朋友们连线了,视频中我们班小朋友们拿着身份卡介绍自己组的小鸡宝宝,并很豪爽地答应送两只:一只黑的(纯黑的我们只有一只),一只黄的。但是要求刘老师给它们准备好大房子,要给它们饲料。

小黑和小黄的主人在装小鸡

阳阳嘱咐道：小黑，希望你过几天就回来。

阳阳和梦溪精心装扮了盒子，还在里面装上了满满的饲料。

阳阳嘱咐刘老师：你们要照顾好小鸡宝宝，千万不要让小猫小狗来伤害它们。

小鸡被送走的第四天中午，浦溪的刘老师告诉我们，小黑快不行啦，原来它生了一种名叫传染性法氏囊病的传染病。

小朋友们立马抱着剩下的鸡宝宝检查。

佽佽：老师，小鸡有肿瘤了。（佽佽指着鸡喉咙向我说）

旭旭：我看看，这是它吃饲料的地方。

佽佽：老师，鸡宝宝们是要去打针了吗，打针它不疼吗？

惜惜：生病要找医生。

悦悦：打了针就会好吗？

旭旭：老师，你让医生给小鸡打轻一点的针吧，鸡宝宝会疼的，我打针就疼。

于是，老师立马带着鸡宝宝们奔赴兽医院，所幸医生说鸡宝宝们很是活跃，病症不太明显。

2. 小黄的葬礼

五一假期结束，小朋友们兴高采烈地去门卫叔叔那接母鸡一家回来。

大家在铲屎清理中，有重大发现。

旭旭大喊：老师，小黄死掉了。

旭旭：我觉得是被什么东西咬的。

紫涵：被猫吃掉了。

旭旭：我看到血了。（旭旭指着小黄屁股上的透明液体）

季阳：蚂蚁咬伤的。

伲伲检查了小黄的身体（嘴巴、眼睛、爪子、肚子等）没什么新发现。

后来，保育老师告诉大家，小鸡宝宝很脆弱的，很容易受凉、生病。

教师：小黄死啦，该怎么办呢？

尧尧：我想把它埋起来，立个牌子，这样我们还能找到它。

伲伲：我要给它撒好多好多的花，不然它不孤单吗？

薇薇：我把我的零食都给它。

洋洋：还要给它洒点水，不然它会渴的。

旭旭：还要给它吹音乐，我太爷爷去世的时候就是这样的。

借助尧尧和旭旭这对双胞胎的社会经验，小朋友们准备为亲爱的小黄举办一场声势浩大的葬礼，以死向生，铭记生命的可贵。

葬礼进行曲

孩子们找来了超轻黏土盒子、柔软的棉花，采来了美丽的花瓣。

伲伲先在盒子的底层垫上柔软的棉花，用一块棉花作为小枕头，撕了一大块棉花，说："给小黄盖上小被被，这样它就不冷了。"

最后，调整了小黄的小脑袋，让它头侧着枕在枕头上，撒上了美丽的花瓣，盖上了被子。小黄再见！

旭旭找来小黄的照片：老师，要不我们把照片夹在玻璃里面，然后用小架子架在上面。

小朋友们还从区角和班上的庭院里找来了乐器、铁锹、长木板等。

他们为小黄准备了一场葬礼。

小主持人：大家向前走，今天我们的小黄去世了，我们要给它举办一场葬礼。

最后，小朋友们呼吁大家要爱护小动物，不要伤害小动物。

乐器组　　　　挖土组，"我们要挖得深深的，　　添水，撒食物
　　　　　　　不然小黄会被猫吃掉的。"

献花　　　　　默哀　　　　　小主持人："我们以后要爱护
　　　　　　　　　　　　　　小动物，不要伤害它们。"

教师反思

生活与意外不知谁先到来。

生存与死亡是一体两面的，孩子们在照顾小鸡的过程中很是爱惜小鸡宝宝，当意外来临，面对死亡时，他们没有将其尸骸随意丢弃。阳阳见证了母鸡孵蛋，便想"我们把它放到母鸡那，让它把小鸡孵活"。旭旭联想到家中老人去世、自己参加葬礼的社会经验，组织小朋友们为小鸡准备一场葬礼。尧尧："我要把它活着的照片放在框子里，挂在墙上。"欣欣："给它撒上花瓣，垫上小枕头，盖上小被被。"尧尧："我要把我所有的零食给它。"等等。

最后，孩子们自发组织了一场小鸡的葬礼，埋葬了死去的小鸡，为它哀悼献花。在哀悼发言时欣欣小朋友喊道："小黄死了，就再也没有小黄了。我们要爱护小动物。"淘气的旭旭更是悲伤地说："我再也不随便抓小鸡了。"

我跟随孩子们的步伐，真正从孩子们的角度来看待死亡，尊重孩子们的天性。当完成这一场葬礼后，孩子们仿佛对小鸡的死释然了，欣欣午餐时不停地望向小鸡的坟墓，旭旭再也不敢随便抓小鸡宝宝了，阳阳每天坚持给小鸡宝宝体检等。葬礼后孩子们对于死亡的认知更清晰了，明白死者不复存在，也知道了生者的珍贵。

四、后续

1. 带鸡宝宝回家

暑期将至，对两个月的假期我们该如何照顾小鸡宝宝，小朋友们开始了讨论。

教师：放暑假了，小鸡宝宝该怎么办呢？

阳阳：我们把它放在门卫叔叔那里，请他照顾小鸡。

苡沏：不行，会死掉的。小黄就是这样死的。

薇薇：我们可以把它们带回家养。

惜惜：我可以把它们和我家小动物一起养。

于是，我们在家长群里发起了寄养申请，挑选了适合养小鸡宝宝的家庭。

旭旭：要有院子，不然它不好散步。

洋洋：还要有蔬菜和饲料。

苡洳：还要喜欢它们，不能吃掉它们。

最终，恭喜6个家庭获得寄养资格。

孩子们回到家对爸爸妈妈千叮咛万嘱咐。

家宝：妈妈这是我们自己的小鸡，要好好对它，不能伤害它，不能吃它。

家宝：要给它吃饲料，住小房子，不然它会飞走，我还要带到幼儿园的。

家宝妈妈：好，我们家卖水果，那我们可以把家里的水果给它吃。

家宝：那它是不是水果鸡呀？

2. 谁咬死了我的鸡

一开学，小朋友们把小鸡宝宝都带来了，那些小萌鸡仔在小朋友的家中度过了两个月的暑假，长大了不少。

惜惜：我把闪电和我家的鸡放在一起养的，每天它们会在山上跑来跑去，它肯定很健康，全是肌肉。

家宝：我家只能放在笼子里，它会飞，我们每天给它吃水果，它是只水果鸡。

薇薇：薇薇和我家的鸡长得不一样，它比较黑，很好认，我一下就能找到它。

4只小鸡宝宝回到了小庭院，它们很快熟悉了这里，每天依旧在幼儿园里东奔西走。好景不长，幼儿园里出现了不速之客，我们的小鸡宝宝在一天天地变少，当最后的薇薇也不见了时，小朋友们终于憋不住啦。

惜惜：老师，我们的鸡呢，是不是昨天我们吃红烧鸡给吃掉啦？

教师：我也不知道，小鸡这么可爱，我们怎么会吃它呢？保育老师说是被什么咬死啦！

小朋友们开始侦探：谁咬死了我们的鸡？

旭旭：保育老师说小鸡死得很惨，全是血，脖子被什么咬断的。

薇薇：我知道，奶奶养鸡的时候也怕一个叫"黄大仙"的东西。它爱吃鸡，肯定是它咬的。

惜惜：会不会是小狗呢，散步的时候我发现我们幼儿园停车场有3只野狗蹲在那，是不是在等着吃鸡呀？

尧尧：我们幼儿园有监控，可以让园长姐姐帮我们查一查。

最后，园长调监控发现确实是黑色的狗咬死了我们的鸡，由于场面比较血腥，保育老师一早就帮我们处理掉啦。

3. 鸡宝宝生蛋蛋啦

生命是个轮回，11月中旬，浦溪的刘老师给我们传来了好消息，当年被交换到浦溪的小鸡小黄诞下了一颗蛋宝宝，这是生命的再次延续，孩子们开心极了。孩子们准备在春暖花开之时，邀请小黄带着它的蛋宝宝回家，来我们中三班的小庭院做客。

教师反思

本课程是在"春生之思——种瓜点豆"的园级活动下开展的，我班选择孵化鸡蛋，小小的鸡蛋孵化活动可以说是对小鸡的生命特征进行研究的过程。一枚枚鸡蛋，一个个小生命，从孵化到成长，从未知到感悟，孩子们收获了生命初生的喜悦，也感悟了生命脆弱的悲伤。

在活动中，孩子们不断积累大自然生命科学的知识，在鸡蛋孵化中逐渐建立了幼儿对生命概念的理解，如受精蛋是什么样子的；母鸡和孵化器谁更有利于鸡蛋孵化；小鸡除了吃喝拉撒生存的基本需求外，它们还需要遮风避雨、温暖的家；了解以小鸡为代表的生物的周期性，如鸡蛋可以孵化成小鸡；初步了解了大自然里的共生与掠食，小朋友与小鸡在小庭院里共生，同时我们以鸡为食维系生命。

孩子们在母鸡和孵化器的对比试验中，表现出来的实验探究能力，体现了幼儿学习的主体地位；在陪伴小鸡自由自在的生活中，小朋友们既有突显小鸡特征的写实绘画，更有热情奔放的《鸡飞图》；在"蛋为什么不能破壳"中孩子们开始自主分析问题、解决问题，逐步提高了对科学信息的收集和处理能力；在"鸡宝换桃"中，孩子们忍痛割爱，赠人玫瑰，手留余香，体现了孩子们在人际交往中的自尊自信。

整个活动孩子们不仅体验了科学的探索、艺术的表达、社会化的交往，而且初步思考了生物与环境的关系、人与生物的关系。

一次孵化鸡蛋、饲养小鸡的经历带给孩子们的是无尽的生命教育，使他们对生命范畴的理解和尊重有了全新的认知。小鸡的一生要经历出生、生长发育、繁殖、死亡等阶段，而生物的生命正是在这种长短不一、周而复始的周期中不断延续。生物与生物之间相互依存，鸡作为一种家禽，它的鸡肉、鸡蛋能提供给人们日常所需的营养，满足我们自身的生存与发展。因此，身为人类的我们更需要尊重珍视它们的生命，保护生态平衡。直面生命，我们需时刻怀有一颗敬畏之心去探索世界。

生病的小树

句容市天王镇中心幼儿园

赵转转　刘明花

秋天来了，我们在美工区投放了一本绘本《落叶跳舞》，这本绘本引起了小朋友们的讨论。

稼稼：落叶会跳舞吗？

小杰：不会吧！

稼稼一边说一边翻开了绘本，"哦！原来是这么跳的啊！"

说着几个人在美工区用手比画了起来。

稼稼：我也想要跳舞的小人人。

祥韵：你先去找树叶吧，你……

稼稼：嗯嗯，我知道哪里有树叶。

于是，我们来到了"小果园"。

加恩：我找到了不一样的树叶！

小杰：这里还有很多树叶哎。

发现树洞

小朋友们都在寻找不一样的树叶，稼稼跑向了更远的地方，不一会儿传来了他的惊奇声："大家快来看，这棵树好可怜啊！"

小朋友们一边跑，一边喊："我来了！"

"它怎么可怜啦？"

稼稼：你看它身上怎么破了？

……

一、分析出现树洞的原因

有的小朋友盯着破了的地方，有的小朋友摸了摸，纷纷展开了讨论。

稼稼：小树怎么成这样了？好可怜啊！

小杰：肯定是有条大蛇甩了一下，然后（树皮）碎了。

稼稼一边说着一边摸摸小树。

稼稼：小树好可怜啊！

梓沫：是的啊，它都成这样了！

稼稼：肯定是虫子咬的。

梓沫：对对对，可恶的虫子。

思怡：可是，虫子有那么大的嘴吗？
稼稼：是它慢慢地，慢慢地咬的。
思怡：这里还有绿绿的东西！
小杰：那是虫子的大便。
思怡：它怎么扭扭歪歪的呢？
梓沫：它应该是受了伤，变成这样子了。
稼稼：哦，我知道了，肯定是虫子把它咬破了。
梓沫：小树好可怜啊！
稼稼：嗯嗯，我们把小虫子弄出来吧。

二、想办法引出小虫子

怎么引出小虫子呢？小朋友们有不同的想法。

办法一：凶凶的恐吓法

稼稼：小虫子快出来！快点出来！我是让你出来，不是让你进去。
思怡：你再不出来，我们就要打你啦！
小杰：你快点出来呀！

办法二：用小树叶引出小虫子

过了很长时间，没有一点变化，渐渐地孩子们失去了耐心，又去想其他的办法了。

梓沫：虫子喜欢吃甜甜的东西。
稼稼：嗯嗯，就像小蚂蚁一样。
小杰：可是，我们没有蛋糕哎，它还是不会出来的。
短暂的沉默之后……
稼稼：树叶是甜甜的，我们可以给它吃树叶。

于是，稼稼在地上捡了一片树叶，一边摇动着树，一边对着"受伤"的地方说："小虫子，快出来，这里有甜甜的树叶，你快来吃哦！"说着，几个小朋友纷纷捡起地上的树叶模仿起稼稼来。

过了一会，（树洞里的小虫子）没有任何动静，这时候又有小朋友提出疑问。

小杰：小虫子喜欢树叶，只喜欢绿色的树叶。

思怡在附近的小草上摘了一片叶子，放在树洞口。

思怡：小虫子，这个是绿色的叶子，快来吃吧！

落叶和绿色的叶子都没能引出小虫子，又有小朋友提出了疑问。

思怡抬头看了看树顶：我知道小虫子喜欢吃什么树叶了。

"呐，就喜欢吃那个树叶。"说着指了指树上的叶子。

稼稼：嗯嗯，它就是想爬上去吃那个树叶。

小杰：真可恶，我们用那个树叶把它引出来吧。

梓沫：可是太高了，我们也拿不到啊！

稼稼：我来想一想吧。

（想办法拿到绿树叶：爬树）

祥韵：我来爬上去，我敢爬树。

小柴：我也敢爬树！

稼稼：我可不敢爬，还是让施祥韵爬吧！

祥韵经过多次尝试，爬树以失败告终。

怎么办呢？活动似乎陷入了僵局，小朋友们开始烦躁，甚至有人想放弃了，这时小柴突然跑过来对着大家说道："我们可以用梯子上去啊，上次刘老师教过我们爬树。"

杨杨：对哦！我们幼儿园有很多梯子，去找梯子吧。

于是小朋友们结伴去寻找梯子，哪里有梯子？只见几个小朋友狂奔到一区场地，几个人一起抬起梯子缓缓走了过来。

集体：一二，加加油，一二，加加油。

小柴：大家快快加油，马上就到啦！

大家抬着梯子来到了小树下，合力把梯子架上去的时候，发现梯子的最上端坏了，如果爬上去会有危险，这时，小朋友通过讨论提出：把梯子的底下放到最上边，于是大家合力将梯子调转了方向。终于，梯子架好了，但由于最底下两格坏掉了，还是没办法爬上去。

祥韵：算了吧，我们还是找其他的梯子吧！

一部分小朋友还尝试把梯子架上去，还有一部分小朋友去寻找新的梯子。重新找了一部梯子，可是树好高啊，梯子好长啊，怎么让梯子上去呢？

小柴：我们一起抬吧！
祥韵：不行唉，卡住了。
小柴：你们扶好梯子，我来送。

小柴：一二三，到了吗？
加恩：还差一点点。
小柴：加油，努力！可是我快要抓不到了。
思怡：快到了，快到了，小柴，你的手往下移。
小柴：我们要卡到树枝那里，何思怡，你看好了，不要超过去了。

思怡：再上去一点点，再一点点。好了，好了，成功了。

集体：我们终于成功了！

小柴：傅加恩，你扶梯子时间最长，你上去吧。

杨杨：我也想上去啊。

小柴：梯子上不能站那么多人，我们在底下扶着梯子，下次你上去。

加恩成功摘下了一片绿树叶，可是他们的兴趣点转移了，转移到树叶的外形特征上去了。

三、我们的猜想

由于离园时间到了，我们回到了班级。第二天，老师组织小朋友们观看了小树"生病"的视频和照片，小朋友们也进行了讨论。"小树为什么会变成这样呢？"下面是小朋友们的一些猜想：

稼稼：是蚂蚁咬的，慢慢咬的洞越来越大就成这样了。它想吃更多的树叶。

小杰：是虫子咬的，这个虫子身上有很多蓝色的毒汁。

小柴：是光头强用锯子锯的，在下边锯了一个大洞，所以树歪掉了。

梓沫：外边风太大了，它们躲到树洞里，把树当成了美味的食物。

祥韵：怪兽虫子先在树上咬一个洞，再从里边慢慢地爬上去。

加恩：树叶落下来了，盖住了，虫子回不了家，它要重新找家啊。

针对小朋友们提出的猜想，我又问小朋友们："小树好可怜哦，我们怎样帮助它呢？"小朋友们也有自己的想法。

梓沫：每天唱歌给它（虫子）听，它就出来了。

小柴：养几只小狗，看着小树就可以啦！

梓沫：在它周围种点花，它就不会孤单啦！

加恩：抓只小鸟，把虫子吃完，就可以啦！

小杰：在那个楼上装上监控，我们坐在里边看着！

树倒了

带着我们的"方案",小朋友们来到"小果园",准备保护小树,可是发生了"意外"。

1. 遇到"小意外"

再一次来到"小果园",意外发生了。

小朋友们:树倒了,老师,树倒了。

小柴:我说是光头强砍的吧,你们还不相信。

(没有人回应他,大家都在蒙圈中,我也在蒙圈中,心想,这个课程接下来怎么开展呢?结果,小朋友们又有了新的发现……)

2. 探索树倒的原因

小柴看没有人回应他,自己在附近找起了线索,他指着树根对小朋友们说:"你们看,这树是被锯的,这里还有痕迹。"

小柴继续指着树根的部位小声嘀咕着:"树根都被他锯断了,还说不是光头强。"

外边还有"光头强"。

小柴:你看那是光头强。

小韵:他不是光头强,光头强没有头发,他有头发的。

小柴:不对,他就是光头强,他戴了帽子。

小韵:不对不对,他不是光头强。

……

孩子们情绪比较激动,小柴准备用土块砸"光头强",于是,我告知了孩子们是因为树有点倾斜了,害怕倒了砸到小朋友,工人叔叔决定把树锯掉了。虽然小朋友们感到很惋惜,但是很快进入了再次探索中。

3. 再次探究树受伤的原因

树倒了,更便于孩子们探索了。

妍妍:小树好可怜啊,快要被虫子吃完了!
梓沫:是的,快没有木头了。
稼稼:小鸟都没有家了,呜呜……
妍妍:我们一起帮它把虫子清理干净吧。

由于小朋友们的关注点不同,因此把他们分成了两个小组,让根据自己的兴趣去探索。

A组:清理虫子留下的残留物

99

R组：继续探索树根

加恩：这些虫子在这里会继续咬小树的。
小柴：我来把它们踩死吧！
加恩：不行，我们不能伤害小动物。
小柳：那怎么办？它们在这里会伤害小树的。
小柴：那我们把它们赶走。
加恩：我不敢，太害怕了。
小柳：我们可以用工具啊！

小朋友们在附近找起了工具，不一会，小柴拿来了小锹，小柳拿来了锅铲和锅。

教师：你在干什么啊？
小杰：挖个虫子窝。
教师：挖个虫子窝？
小杰：把所有虫子安顿在这里。
豪豪：以后这里就是虫子的家了。

小朋友们帮助小树清理了树干、树根，帮小虫子找到了家。

教师的反思

遇到"小意外"，虽然刚开始我也有点蒙，但很快在孩子们的带领下继续探索，孩子们的关注点总是会出乎意料，刚开始看到小树受伤时会很生气地想找小虫子算账，结果到最后又害怕小虫子受到伤害，重新帮它们安置了新家。

小朋友们在探索小树受伤的原因时，会结合自己的想象和观察去判断，看到锯痕的时候，联想到"光头强"喜欢砍树，断定是光头强砍的，也猜测可能是白蚁咬的。在后期的探索中，发现虫卵、虫子尸体和虫子后恍然大悟，原来是虫子咬的。孩子们在一步步猜测、一步步探究中得出结论。

保护有洞的树

在后面的活动中，小朋友们总会不经意地关注身边的树，看看它们是否受伤了，总会想着怎么帮助它们。有一天，发现"小果园"里的另一棵小树也"生病"了。

小杰：这里有个秋千，要是倒了就完蛋了。

小柳：我们要保护好秋千。

小杰：我们把这些弄掉。

1. 用木桩堵住树洞

培元：唉哟，怎么都掉"絮絮"了？

小杰：这是细菌。

培元：细菌会越来越多吧。

小杰：对对对，我们要把它们（细菌）清理干净了。

培元：细菌清理掉了，走吧！

小杰：这里没堵住，细菌还会进去的，小树还是会被"咬"的。

培元：那怎么办啊？

小杰：找个东西把洞口堵住。

说着他们找来了树桩堵在了洞口。

小杰：终于好了。

2. 用包装袋包扎

第二天早上，小杰找到我，拉着我的袖子。

小杰：那样不行。

教师：什么？

小杰：清理过细菌，要包起来的，不然虫子还会进去。

教师：那怎么包呢？

小杰说着跑向了美工区，拿出了一些"包装袋"。

小杰：我们去给小树包起来。

于是，我们再一次来到了"小果园"，对小树进行了包扎。

小杰拿走了树桩，用包装袋"包"住了洞口，这时，梓沫走了过来，"这样不行吧，风一吹就把它吹走了吧！"

加恩：要用绳子绑起来。

小朋友们找来了麻绳，一圈一圈地绑了起来。

这时,传来了阵阵笑声。

加恩:老师,小杰被绳子捆起来了。

祥韵:老师,绳子打结了,解不开了。

加恩:那怎么办啊?还怎么绑啊?

小杰:我们可以找其他东西把它压住。

祥韵:这里有土块,我们用土块吧!

我们帮小树包扎好了,回到班级,组织小朋友们对活动中遇到的问题进行了回顾与反思。

加恩:我和小树都被绳子绑起来了!

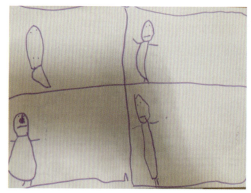

小杰:绳子太长了,我们都被缠住了,我的鞋子掉了。

祥韵:绳子打结了。

教师:你们有什么好的办法,可以把小树包起来吗?

小杰:把绳子剪成一节一节的。

祥韵:需要我们大家一起合作,有的人剪,有的人缠。

加恩:大家合作才能完成。

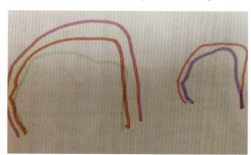

小杰:绳子剪成一节一节的。

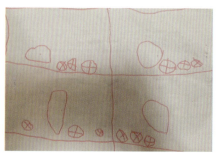

小柳:多找一些石头就可以啦。

加恩:两个人一起合作。

3. 用稻草"包扎"

第二天，我们再一次来到了"小果园"，"小树的衣服"还是被吹走了。

加恩：我说不行吧！又成光秃秃的小树了，现在怎么办？

小朋友们都陷入了沉默……

祥韵：我们班门口的树是用稻草包起来的，我们可以用稻草。

加恩：对对对，我们去找稻草。

小朋友们找来了稻草，围着小树"放"了一圈。

加恩：这次虫子应该不能进去了。

过了几天，我们再一次来到"小果园"，小树又变得光秃秃的，稻草散落在周围。

加恩：稻草被风吹散了。

祥韵：不是，肯定是被其他小朋友拿掉的。

加恩：现在怎么办呢？

杨杨：只能再找其他东西来"包扎"了。

于是，小朋友们找来了草席和草绳。

加恩：先把这个帘子弄上去。
祥韵：我们用草绳来绑。

失败了，因为小朋友走开时，草席倒了。
再次尝试。
加恩：先用石头压住草席，再开始绑。

再次失败，草席还是会倒。
祥韵：草席怎么总是会倒呢？
加恩：需要有人扶着它啊。
祥韵：用一个东西扶着它，让它不倒。
过了一会，祥韵拿来一根树枝，用树枝固定草席，加恩来绑草绳。

再一次失败，绳子太长，打结了。于是整理绳子，继续尝试。

这一次，大家分工合作，有人负责拿着绳子，有人负责绕圈，大家一起跟着树绕圈，终于"包扎"成功了。正在大家沉浸在成功的喜悦中时，祥韵又提出了疑问。
"这么大的洞洞，虫子还是会进去的。"

于是，又开始了新一轮的修补工程。小朋友们捡起地上的稻草，一小把一小把地塞进了缝隙里。

教师的反思

我们的活动到这里就结束了,虽然不知道会不会真正地帮助到小树,但是小朋友的爱心以及在活动过程中的获得是值得的。不仅小朋友们有所收获,作为教师的我也有所收获。

在整个课程活动中,小朋友们的责任感在不断提升,他们不仅关注这一棵树,还会关注到幼儿园里的其他树,甚至是家里的树木。在活动中,孩子们体会到了成功的喜悦,感受到了合作的乐趣。幼儿从刚开始进入这个课程,就希望帮助可怜的小树,结果一次次地出现意外,一次次遇到问题,再解决问题,直到最后的成功。

在活动中,教师对于树木的保护也并不精通,在此过程中是和孩子们一起学习成长的,但是又要比孩子们早一步做准备,为孩子们提供多样的材料,孩子们才能在此过程中有更多新的发现。本次活动虽然有教师的铺垫,但多数还是源于幼儿的观察发现,孩子们发现了这棵小树的情况,但教师还是等待孩子们去主动关注,自己解决,从而追随幼儿的思路,引导幼儿思考不断推进,鼓励幼儿讨论思考,在尝试中解决问题,支持幼儿各方面能力的发展。

疯狂的三叶草

句容市天王镇中心幼儿园

曾庆雯　蔡卫佳

春风微拂，幼儿园变得格外温柔，迎春花金黄色的花朵竞相绽放，缀满枝头，小草们探出头来，纷纷摇动身子！

户外游戏时，孩子们也感受到了幼儿园里的变化，他们带上画笔、心情记录本开始寻找、记录自己的观察和发现。

孩子们来到户外一区的大草坪。

希希：我发现这些草好多都是绿色的。

杰哥：有的叶子是爱心形的，它们长得都不太一样。

琪琪：这里还开了紫色的小花。

成成：我也看见了，它有4个花瓣，这里有的草长长的，像长了胡须。

菡菡：你们快来看，它的边上还长了绿色的小毛毛。

耀耀：这个叶子上面的叶脉好清楚啊，长得有点像爱心的形状，这两个草的颜色都好像呀。

琪琪：你看它们的叶脉是对称的。

杰哥：它们到底是什么草啊？以前我们好像没有发现过。

耀耀：我们可以调查一下。

一、大调查

1. 绘制调查表

杰哥：那我们是不是需要一个调查表？

希希：对的，我们的确需要一个。

教师：你们以前用过调查表吗？知道调查表有哪些内容吗？

萌萌：调查表用线隔开，不能画出格子。

希希：调查表上要有地点，一看就知道植物在哪里。

教师：调查表里的内容用什么符号来表示？我们是否需要使用统一的调查表？

杰哥：符号不能是一样的，要涂色，要区分开来。

耀耀：要有我们一起讨论的吧，不能大家都不一样吧。

杰哥：一样的不行，那我们的东西不也一样了。

成成：可以自己用自己的调查表。

孩子们分头设计绘制自己的调查表，并开始了他们的实地大调查。

调查结束回到班级后，分享交流会就开始了。

耀耀：我看到了很多绿色的草，它们摸起来都是软软的。边上还有点毛，它们不全都一样。它们的花纹不一样，细细的是叶脉，宽宽的是另一个草的花纹。

成成：我看到了很多的草的形状不一样，有锯齿的、尖的……

杰哥：我在小山坡发现了爱心形状的叶子，是可以触摸的，摸起来软软的。还有开黄色小花的蒲公英，叶子是三角形排列好的，有毛的叶子是不可以摸的，会痒。

琪琪：还有的叶子上有脉络，叶脉两边长得是一样的，是对称的。

辰辰：有的叶子捏碎了会流白色的汁，黏手。

希希：那个没有花纹的叫金花菜（苜蓿头），另外一个是三叶草。

孩子们绘制了野草分布地图。

成成：户外一区苜蓿头最多，整个绿色的草坪都被霸占了。

杰哥：是的，里面都没有三叶草了。

教师：为什么会这样呢？

成成：是谁种的吗？

希希：这个肯定是野生的，然后长啊长，就把这里原有的草坪"吞"掉了。

教师：这个我也不知道，要不我们打个电话问一下园长妈妈吧。（打电话）

教师：园长妈妈说在厨房门口种了一小片。

杰哥：那它们怎么跑到一区和二区来的呢？

成成：种子会飞呀！

杰哥：教室后面的草地上既有三叶草又有苜蓿头，它们混在一起了。教室的前面没有三叶草。

希希：它们都是草，可以生活在一起的。前面没有，可能是因为苜蓿头长得太高，挡住它们了，抢夺它们的营养了。

天气越来越暖和，好多小草都开花了，黄的、白的、紫的……就像天上的小星星一样，在绿色的"银河"里闪闪发光。

2. 绘制图鉴

杰哥：苜蓿头开黄花了。
孙孙：你看蒲公英也是黄色的小花。
琦琦：苜蓿头里还有紫色的小花。
依依：那叫野豌豆。
成成：它们都长高了，我这边比那边高。
宣宣：还是我这儿的高，不信我们比比。
成成：看起来这个里面的要高一点。
辰辰：我觉得我这里的比你的高。
宣宣：用这个尺子量一下，比一下子。
成成：要从0开始。

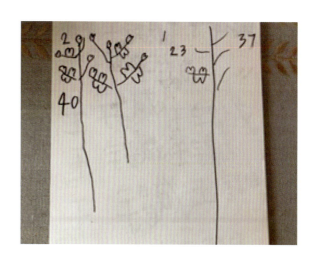

说着成成用手将多余的叶子去掉，对准数字0，把它们放平，宣宣拿着尺子，成成和宣宣一起开始测量。

成成：你看这边这个37了。
辰辰：我看旁边这个不止吧。
宣宣：我从山坡上摘了一个，是从靠近地面的地方取的，快量一量。
成成：我来把这个结果记录下来。
耀耀：我们可以把它们画下来，记录下。
依依：我负责把地点画下来，杰哥你画这些小草，回去我们可以喊小百科希希做介绍。

3. 野菜 & 野草

通过前期的大调查活动，孩子们已经对苜蓿头和车轴草有了一定的认识，但两种草同属一科，长得十分相似。在户外活动的时候，有个孩子说"三叶草"是可以吃的，面对其他小朋友的"质疑"，他也变得不确定了，大家也产生了一系列的争论。

耀耀：周六我和我奶奶去樱花园了，我奶奶摘了这个三叶草的，就是野菜，我们回家烧了吃的。

杰哥：苜蓿头不是草吗，草还可以吃？不能吃吧，我们又不是小兔子，小动物。

耀耀：可以吃的，我奶奶吃的。

杰哥：你吃了吗？好吃吗？

耀耀：我没吃，我奶奶说好吃的。

杰哥：那你奶奶吃的是我们这的哪一个？

杰哥指着地上的绿色的草，看向耀耀。

耀耀：额，三个叶子的……

希希：它们都是三个叶子，是哪一个？

耀耀：是这个？是这个吧？

苜蓿头和车轴草都属于三叶草，它们长得实在是太相似了。耀耀站在草地中间，左看看右看看，想了半天。

耀耀：就是这个。开黄花的是苜蓿头，白色那个是车轴草。

杰哥：你确定吗？它们长得跟亲戚一样。

耀哥：我确定啊，这个的叶子不对，我奶奶摘的叶子上面没有白色的花纹。

希希：对啊，上次我们调查的时候那个秒懂百科上面不是说了有白色花纹的叫车轴草，另外一个是苜蓿头，苜蓿头是可以吃的。

耀耀：那车轴草是不能吃的，它不是野菜。

杰哥：你奶奶怎么烧的？

耀耀：就放在锅里，炒炒。

杰哥：那幼儿园里这么多，我们能吃点吗？

教师：当然可以。

孩子们再次通过百度了解了苜蓿头的烹饪方法，然后就在园子里开始了采摘。

然然：这个苜蓿头开黄花了，是不是老了呀？

成成：不是吧，老了就变硬了吧，像那个石头一样。

凡凡：这个黄花像小星星一样。

媛媛：我最喜欢这个了。

辰辰：之前也没开黄花呀，是肥料放多了？

成成：不是，是因为春天来了呀，幼儿园里好多花都开了，黄的、紫的……

然然：是的，冬天就没有。

孩子们采摘后回到生活馆清洗、加工、制作了苜蓿头的饼。

品尝到美味，孩子们对野菜有了浓厚的兴趣，提出幼儿园里还有他们认识的野菜——荠菜、马兰头、蒿子等。他们在生活馆也开展了一系列的美食制作活动。

教师的思考

孩子们能敏锐地感觉到季节的更迭，并发现周围事物的变化，在与同伴的交流中能集思广益，提出自己的想法，还设计绘制出个性化的调查表。在实地调查和观察中用符号对草的形状、颜色、触摸的感觉和所在位置进行了记录，能大胆地向同伴介绍自己的所见所闻，在介绍时声音响亮，但部分孩子普通话不够标准，需在日常活动中加以关注和纠正。结合调查的已有经验，用贴图的方式将苜蓿头和三叶草的位置在简单的示意地图上进行标记，绘制地图时，发现了两种三叶草的分布，对它们的生长情况进行了分析，结合已有经验进行合理的推论，感受植物之间的关系。

在测量中，孩子们基本认识尺子上的数字，对数的大小也有一定的认知，但对测量单位不完全理解。在测量中能找准起点，放平测量物，并记录每次的测量结果。

幼儿在边调查边寻找的过程中，通过持续观察草的变化，发现天气变暖才开花，主动提出要将它们的地点、对花的了解用绘画和音频的方式进行记录。通过观察和比较发现同属一科的三叶草它们是非常相像的，感受到不同植物的多样性和变化。

孩子们在分辨野菜和野草的时候，能运用已有经验，比较它们的相似性和差异性并将其进行分类；在分享交流中，能倾听同伴的想法和意见，同时也丰富了自己的经验；在观察比较中发现事物之间的联系与区别，知道温度会影响草开花；能察觉到植物的外形特征与生存环境的适应关系；在生活馆制作美食的时候，尝试使用电子产品来查阅资料，结合已有经验，主动进行采摘、清洗、制作美食。

在孩子们交流的基础上，教师一如既往地支持鼓励孩子们，给足他们探索的机会和时间，使他们在拓展经验的同时也能获得成功的体验。孩子们有想法时，老师通过提问等方式加以引导，鼓励个性化表达。当产生疑问时，不急于给出答案，必要时提供多媒体拓展经验，组织孩子们就自己的调查开展讨论、交流，鼓励他们用多种方式表达所见所闻，并帮助他们概括、提升经验。

二、除草大作战

枝头繁茂，天气越来越热，园子里的苜蓿头和三叶草也铆足了劲，疯狂地"侵占"着地盘，原本就不多的草坪逐渐消失在一片绿色之中。

菡菡：好像都没有其他的草了，只有三叶草和苜蓿头了。

然然：它们在比赛吗？

琪琪：天啊，其他草要全部消失了吗？

希希：应该是其他花草的养分全部被夺走了吧。

耀耀：我刚刚站进去脚都被淹没了，看不见啦！

成成：会不会有很多不速之客……

希希：听说会有蛇、蜈蚣……

耀耀：不是听说，是真的有，我中三班的那个妹妹昨天和老师去仓库在门口看见了。

琪琪：瞎说，是"黄鳝"吧，从食堂"跑"出来的。

希希：你在搞笑吧，吃的还能从食堂跑出来，不管是蛇还是黄鳝，它们都没有脚，怎么跑？飞出来啊？

成成：阿姨又不傻，少了不知道啊。

耀耀：就是蛇，他们老师拍了照片。

希希：你要有证据，不然没人会相信的。

耀耀：等一下我们一起去问不就行了。

果真，不速之客来到了我们的地盘上，女孩子们一听，慌得不行，男孩子们则是无所畏惧。我们的老师们也是每次活动前敲敲打打，可这并不是长久之计呀，接下来问题来了。

希希：我们游戏的场地都是草，万一这些个小动物窜来窜去的怎么办？

成成：出来玩我们都没地方休息了。

琪琪：草太深了，滑梯那里都不能去，太没意思了。

耀耀：还有好多小蜜蜂。

杰哥：把它们全部割掉。

俊俊：那很多小虫子就没有家了。

希希：没有草的保护土会干裂的。

成成：那你说怎么办，现在玩都没地方了。

杰哥：割掉！

希希：不行！

割掉还是不割掉引发了很大的"争议"，每个人都有自己的想法。于是我们从外面回到了班上，大家坐下来慢慢讨论。

杰哥：一定要割掉，不然我们都没地方玩。

希希：不行，那全部割掉了，这个土壤会被晒裂的。只要不让它们长大不就好了，长得小小的。

耀耀：对啊，那小动物们太可怜了！没有家了！

杰哥：那有蛇、虫子咬我们怎么办？

耀耀：去医院啊！

杰哥：有毒怎么办，还来得及吗？

耀耀：你不会保护好你自己啊？

杰哥：我又不知道它们什么时候来。

希希：那没有家了，小动物们都死光了，其他吃这些的小动物怎么办？

杰哥：那正好呀，就没有这些不速之客来我们的地盘了。

轩轩：为什么要全部扒拉掉，不能留一点吗？羊也要吃草啊，留点给它们吧。

教师：那我们到底听谁的？平时你们意见不统一时，是怎么做的？

轩轩：抛硬币，我妈妈和爸爸不知道听谁的就是这样做的，找一个一块钱硬币。

杰哥：你有钱吗？我反正没有钱。

耀耀：不好吧，去问负责花草的人怎么弄不就好了。全部弄了光秃秃的也挺可惜的，不弄也很危险。

杰哥：大家说的都有理，但是我更坚持我的想法，割掉！安全第一！

经过一番激烈的讨论之后，我们请来园子的花草顾问，小朋友们把想法告诉了她，她说只要不把根拔掉草还是可以再生长的。最终小朋友们再次讨论，提出了以下几个解决策略：1. 割掉多余的，留下不碍事的、美观的。2. 放羊出来吃草。3. 阻止它们继续生长。孩子们也开始按照他们的计划去实施。

1. "白天"和"黑夜"

希希：不让它们长大的话，把它们盖起来就行了。

杰哥：上次冬天我们不是给蔬菜盖了薄膜，就白色的那个。

锃锃：我知道，我知道。不过现在哪里有呢？

希希：我们去后面仓库找找看吧。

希希：是这个吧，我们把它拿下来。

锃锃：是的，快，马上就要放学了。

耀耀：我们选择哪个地方呢？

成成：就小桥那里吧。都没有路通向运动连廊了。

希希：那里都有石头路了，你去看。

成成：那就那边吧。（手指着蜡梅树那里）

耀耀：那就开工吧，可以把我们在木工馆钉的架子拿过来。

锃锃：可是这个泥巴地钉不进去呀，咋搞呢？

希希：我来吧。

希希：我也不行，这个架子不像钉子能钉进去。

耀耀：那我们干脆把薄膜系在这三棵树之间。轩轩你去找个剪刀，锃锃你去拿剪刀。我们把薄膜打开铺好。

说完大家分头行动，很快就将工具找来了。

希希：这样不行，这头挂在绳子上，那边就掉了。而且中间还有缝隙，雨水和阳光都会进去的。

耀耀：那我们直接铺在地上，在周围压上砖头。

铺设好薄膜后正好赶上五一小长假，这么多天没来了，孩子们也很想知道他们的实验到底成功没有。他们飞快跑到一区，揭开草地上的薄膜。

希希：旁边的绿叶子上变白了。

耀耀：薄膜上有淡淡的绿色，一条一条的。

铿铿：苜蓿头之间有沟。

耀耀：苜蓿头的叶子都往一边倒了。

希希：薄膜上面有水，是因为下雨的缘故。

铿铿：那我们是不是失败了？

希希：这个白色薄膜是透光的，所以它们都没死。而且我们这个砖头也没压好，还有缝隙。

耀耀：那薄膜上的绿色是怎么弄上去的？

希希：不是压久了，就是太阳烤上去的。

第一次除草实验失败了，原以为会就此结束，但随着杰哥的加入，第二次实验又开始了。

杰哥：我就说吧，没有我，你们不能成功。你们选的地方不对，那个地方有树遮挡，而且我们会忘记去看。我们可以重新选择一个地方。

希希：不是，不是你，是薄膜选得不对，要是黑色的就可以了。

杰哥：那就换个薄膜呗，我们可以选在山坡上，山坡上太阳充足，周围没有树木遮挡，山坡是我们最喜欢的地方，不会被忘记。

希希：黑色就像晚上一样，黑色吸热，可以更好地把草晒死，需要三层来加固。

三天后，第一次观察

希希：有的叶子有点湿，有点黏。

杰哥：叶子上有点黑黑的。

希希：薄膜没有掉色和染色。

五天后，第二次观察

希希：咦，里面有小虫子。

耀耀：摸起来滑唧唧，恶心死了。

杰哥：里面那个绿色的烂了，变成黑色了。

怡怡：里面的草都烂了。

十天后，第三次观察

耀耀：这个烂得更狠了，一点绿色的都没有了。

杰哥：小虫子都飞出来了。

怡怡：它们一定是从土里跑出来的。

希希：这个黑色薄膜就像晚上一样，这些草不能再生长了，没有空气和水，所以枯死了。

耀耀：是因为这个黑色薄膜阻挡了太阳，所以都烂了。

希希：这些草没有营养了，所以才会烂的。这些躲在里面的小虫子没有住的地方了，所以都爬出来了。植物生长是需要水、阳光的，白天有太阳，晚上没有，所以白天它会长大，晚上就不会了。没有水就干死了。

杰哥：之前的白色薄膜是透光的，所以我们没有成功，这次我们用的是黑色的，挡住了阳光，叶子就不能进行光合作用了。并用了三层薄膜，还压了轮胎和沙子，所以我们成功了！

2. 割草大PK

VS

耀耀：我们可以请工人师傅把草都割掉就好了。

俊俊：可以用割草机啊，手推着向前走就行了。

教师：割草的感觉怎么样？

耀耀：这个草真难割，我的镰刀都拽不动。爷爷刚才教我割草的时候，我感觉还挺好割的，我自己一个人不行。爷爷说割的时候要顺着草割，然后草就能像个球一样滚起来，但我割得不行，而且我割的地方没有一条路。我用手把草弄到一起的。劳动还是很辛苦的。

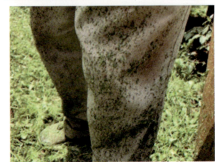

俊俊：我就说割草机比较厉害吧，这个和我之前看见的不太一样，但都厉害。

杰哥：你看这个爷爷的裤子上都是绿色的草沫子。

耀耀：那个割草机上面也是，刚才飞起来的草都飞到它们上面了。

希希：我想试一试。

杰哥：割草机上有个加油的标志。

希希：割草机的头子上有刀片，转得飞快。

俊俊：割草机会发出很大的声音，像拖拉机。

希希：奇怪的是我背起来了，但割草的头子对着天空。这是为什么？

杰哥：这个要问爷爷了吧。

爷爷：手这边要把它提起来，不然就会翘头，你力气太小了。

希希：还是机器割得比较快，人工割得太慢了。这一小会就割得差不多了，还能割出小路，爱心形状的。

耀耀：爷爷割得是慢，但是爷爷割得那个干净啊，这个机器割过的地方根还在上面。很快它们就会长出来的，然后又要机器来割。

3. 放羊小分队

放羊的孩子们在保育老师的帮助下第一次成功地将小羊带出来了，只带了一只。

凡凡：羊宝宝出来了，不吃草。

耀耀：你看这个小羊一直在"咩咩"直叫。

希希：一定是它妈妈担心了。

耀耀：别担心，我们就去吃个草，马上回来。

出来后的小羊宝宝还是不吃草,很快天就开始下雨了,孩子们只好将小羊送回去。而他们也遇到了一点问题,回班后再次回顾整理。

轩轩:棍子插不进去。

响响:害怕小羊撞到我。

耀耀:什么时候可以系绳子?下次阿姨不在,谁给我们放呢?

希希:我们上,用劲把棍子插进土里,我们小心一点保护好自己,让它不要激动。

教师:你们下一次可以试一试。

终于,天晴了,孩子们又来到了小羊馆。

成成:上次没带羊妈妈,所以它不吃,这次要带上羊妈妈。

大家一直堵在小羊的门前,而小羊们一直在屋子里也不愿出来。

教师:上次阿姨放羊是怎么弄的?

成成:用绳子,阿姨一来它就停下来了,它认得阿姨。

轩轩:那快把羊妈妈拉出来,就一根绳子。

响响:可是它一直不出来啊,我有办法了,等着。

说完响响跑到小山坡那边(羊之前吃草的地方)摘了几根草飞奔回来。

响响:轩轩你等它快出来的时候拉住它。

成成:我们一个人用草引它出来,另一个人系绳子。

响响:快,快来喂它。

成成:它进去了,你们不对。手要往后面放一放。

响响:太远了吃不到,就不出来了。

轩轩：像依依一样，手伸远点，然后就行了。

响响：不行，不会咬我的手吧？

成成：你要害怕就让我来。

响响：那不行，我是男子汉，还是我来吧。

成成：你来把它引出来，我来把绳子系起来。

响响：那你得快点。

羊一下子就从圈里出来了，穿过拥挤的人群，在饲养场里到处乱窜。孩子们也跟在后面，想要立刻抓住它。

杰哥：啊，轩轩摸羊屁股了，哎呀，笑死我啦。

轩轩（闻了闻手，眉头一紧）：咦，（甩了甩手）还好还好，它没有拉屎。

杰哥：哈哈哈，搞笑呀！

大家在农场里对羊妈妈进行围堵，终于在开心农场的大门口"拦截"成功。

成成：响响我抓住了，你把绳子拿好。

响响：你别动呀，你这样动我们没办法系绳子啊！

依依：咩咩，快来，到我这里来，看我有草。

成成：嘘！（摸摸羊头，拎起绳子，开始打结）好了。

成成：等一下，得紧一点，不然等下又跑了。

响响：我们赶紧走吧，来不及了，来不及了。

希希：你看羊宝宝也跟着出来了，果然牵对羊了。

成成：我们一起带它们环游幼儿园吧！

响响：羊宝宝拉屁屁了！拉屁屁了！

怡怡：大家千万不要踩到！

俊俊：快看它们在吃草了！吃得好快！

希希：羊本来就吃草，羊是食草动物哟！

成成：把它们放在这一天，会不会把这里吃"秃"了？

怡怡：阿姨之前说过了，羊不能在外面的，在外面一直晒太阳，会晒死的。

依依：那个草也不能吃的，草晒热了，会拉稀的。

响响：那把它们放在树荫下面。

希希：万一羊跑了怎么办？把其他树和菜吃了怎么办？

响响：那我们回去的时候，把它们也带回去吧。

追逐羊的脚步是快乐的，不断传来阵阵欢笑声。孩子们要回去了，它们也要回去了。他们将小羊和羊妈妈送回饲养场，淡定地替它们解开打结的绳子，还和它们合了影。

4. 鸡、鸭、鹅的"越狱"

教师：你们看，小农场还有谁也跑出来了？

轩轩：不得了了，你们牵羊的时候，小鸡、小鸭、小鹅全跑出来了。

响响：怎么可能，我们又不放它们。

耀耀：可不就是嘛，你们把两边的门都打开了，我们又没有人看着，大家都去看小羊了，它们自己就偷偷溜出来了。

响响：跑出来就出来呗，大惊小怪！

轩轩：不哟，它到池塘里吃小蝌蚪，还钻来钻去的，水都浑浊了，还吃菜地的菜。

耀耀：还会吃龙虾的，上次那个断腿不就是。

响响：吃就吃了嘛，不要紧。

希希：那可不行，都吃完了，小池塘里还有什么东西。而且它们在饲养场不是有个自己的池塘嘛，为什么还要出来？

孩子们把问题带回到班上，并展开了讨论。

问题：

1. 它们出来去吃小池塘里的蝌蚪和龙虾，怎么办？
2. 它们出来去吃菜地里的蔬菜，怎么办？

教师：关于鸭子出来去吃池塘里的蝌蚪和龙虾，你们有什么看法？

希希：鸭子和鹅会吃池塘里的龙虾和蝌蚪。如果一直吃小蝌蚪，吃光怎么办？

耀耀：龙虾就没得吃了，会饿死。

希希：对，它们还会钻来钻去，有些小蝌蚪都没家了。那它们会被晒死，而且最后灭绝了，龙虾也会跟着饿死。最后小池塘就没有这些生命了。而且种植地的菜都被吃掉了，我们在生活馆吃什么？我们种菜、拔草都很辛苦的，劳动很不容易的。

成成：小池塘里面不是还有荸荠和茭白嘛。

希希：那还是没有小动物呀！

耀耀：它们一出来就把它们赶回去。

希希：那把谁留下来专门看住它们？

耀耀：放羊的时候，两边的门都要派人把守。不过我有一个问题：小蝌蚪吃什么？

希希：水里的浮萍啊，还有一些水里的其他东西吧。

教师：我也有一个问题，要是这些鸡、鸭、鹅不出来，小池塘被小蝌蚪和龙虾"霸占"，菜地被小虫子"霸占"，会怎么样？

成成：咦，一池塘蝌蚪，黑黢黢。一池塘龙虾，还可以呀，我们烧着吃了。

希希：诶，就知道吃。那池塘里的其他植物和一些小虫子怎么办？我觉得不行，这样池塘就全乱套了，还是要出来吃一点的吧。

耀耀：我们每次放羊派看守员，下次我们也可以安排时间"遛"鸡、鸭、鹅，每个地方都派人，吃得太过分了，就把它们赶走。

依依：我觉得这个主意不错，就像巡逻的警察一样。

成成：那下次我们可以试一试。

教师的思考

孩子们在除草的实验活动中知道植物的生长离不开水分、空气和阳光，于是他们根据已有经验选择使用普通的透明塑料薄膜，但实验并没有成功。孩子们根据之前的实验推断出是因为白色薄膜透光导致实验失败，基于此结论，第二次实验他们选择了不透光的黑色薄膜，并叠加了三层，控制透光程度。在三次观察中，孩子们用叙述性语言来传达信息——草烂了、有小飞虫、根变黄了这些现象，结合已有经验解释原因，体会到光对植物的重要性。

在体验人力割草中，孩子能正确、安全使用镰刀进行割草，并用准确、有效的语言表达和交流自己在活动中的感受。在观察人力割草和机器割草的过程中能发现传统方式和现代机器的区别。

在第一次放羊时，孩子们觉得小羊"咩咩"直叫可能是想妈妈，产生了共情。第二次放羊时，孩子们回顾阿姨放羊的经过并结合自己的经验，在羊妈妈不愿出来的时候，推断猜测可以用爱吃的食物将它引出来，最终成功验证自己的想法是正确的。在遇到问题时，孩子们能与同伴交流讨论、合作解决问题。

在鸡、鸭、鹅"越狱"时，孩子们猜测是因为两边的大门没有关好，对于它们会不会破坏小池塘，孩子们能进行换位思考，站在鸡、鸭、鹅的角度提出各自的观点和看法，观点不同时能倾听同伴的意见。看到鸭吃蝌蚪的现象，结合已有经验进行合理推论：每次放羊鸭都出来吃，那么蝌蚪会不会消失？在观察中逐渐发现鸭和蝌蚪等其他池塘生物之间的关系。

在观察、交流、辩论中，孩子们开始用辩证的眼光看待鸡、鸭、鹅吃小蝌蚪和菜的行为，初步认识蝌蚪的多少对小池塘里其他生物的影响，体现出他们对食物链有了初步的认识。

作为教师，给孩子们充足的时间和机会表达自己的想法和观点，引导他们仔细观察，注意实验材料在实验中的变化，同时关注鸭和蝌蚪之间、鸡和菜之间的关系，小动物和小池塘的关系，帮助他们回顾提升获得直接经验，建立事物之间的联系。在活动中教师不着急告诉孩子们问题的答案，而是鼓励他们倾听、质疑，比较大家观点之间的区别和联系。教师对孩子们的思考和想法给予鼓励和肯定，同时积极倾听回应，对他们表达出的关键经验进行重复，进一步帮助他们感知和体会动物与环境的关系，使他们能获得更加全面的经验。

后记

陈鹤琴先生认为："凡是儿童自己能够做的，应该让他自己去做；凡是儿童自己能够想的，应该让他自己去想；儿童的世界是他自己去探索、去发现的，他自己所求来的知识才是真知识，他自己所发现的世界才是他的真世界。"孩子们的好奇心无处不在，那么教育的发生就无处不在。当孩子们专注地观察地上的草时，当孩子们用自己的笔记录发现并绘制图鉴时，当孩子们探究实验成败原因时，当孩子们体验不同的工具割草时，当面对突发问题时，他们学会了用实验、探究的方式思考和解决问题，在这个过程中也形成了积极的学习品质。孩子们在活动中将探究作为学习内容，不断地体会和学习科学的探究方法，不断地积累相关的科学经验。在孩童时期埋下科学素养的种子，使其在今后的生活中将探究作为一种生活态度和思维方式。

探秘天王菜场

句容市天王镇中心幼儿园

李星雨　罗　惠

9月24日，午餐前我们给孩子们报菜名，发现今天有个新菜式——龙须小炒。孩子们盛完菜，一下子就被这道菜丰富的颜色吸引住了，纷纷挑着各种丝吃，歪着脑袋咂咂嘴，尝尝看是什么做的。

天王镇中心幼儿园第四周幼儿食谱

餐别	星期一	星期二	星期三	星期四	星期五
早点	饼干 红心火龙果	吐司 高钙奶	饼干 火龙果	蒸山芋	华夫饼 香蕉
午餐	肉末蒸蛋 包菜炒肉片 冬瓜木耳汤	萝卜烧肉 番茄炒蛋 紫菜虾皮汤	红烧排骨 豇豆焖茄子 苋菜蛋汤	蒜黄炒肉丝 蒜蓉炒生菜 母鸡木耳汤	萝卜烧肉 龙须小炒 番茄蘑菇汤
午点	蒸烧麦	红枣黑米粥	牛角包	西红柿面	绿豆燕麦粥

瑶瑶用筷子在餐盘里扒拉两下，"这个菜颜色好漂亮啊，有胡萝卜、黄瓜、肉丝，这个是萝卜丝吗？"

朵朵：这个紫包菜炒得都掉色啦！

梦梦：哪有萝卜，这个好像是一种菌菇吧？

赫赫挠挠头，用筷子挑了根"白丝"夹住，"这个我好像在哪里吃过，但是它现在这样我认不出来了。"

教师：你们再好好尝尝呢，这个蔬菜切成丝你们就不认得啦？

茉茉：这个是"高瓜"（方言），我奶奶才在家烧过。

琪琪：我在家里也吃过"高瓜烧肉"。

保育老师：我们家这两天也买来炒肉丝的，"高瓜"最近才上市。

教师：原来是在这个时间点上市啊，怪不得最近我爸买菜总是买茭白和莲藕回来烧。

果果：李老师，什么叫"上市"啊？

午餐后休息时间，我请大家围到餐盒旁边，一边观察一边告诉大家总共有6种食材切的丝，有肉丝、胡萝卜丝、木耳丝，还有3种白白的：一个滑滑的、软软的是鸡腿菇丝；一个酱油颜色深点的、烂烂的是茭白丝，又叫高瓜丝；一个硬硬的、咕吱咕吱嚼得响的是笋丝。

安然忍不住用手从餐盒里捏了根"鸡腿菇丝"放嘴巴里又吃了起来，"李老师，我喜欢这个菇子，这个好吃！"

小哲：这个丝切得好细啊，大厨真厉害！

正正：你傻啊，有刨子可以刨的。

萱萱：这个鸡腿菇是软的，刨子不好刨的，肯定是大厨切的。

果果：李老师，你还没说什么叫"上市"呢？

教师：我们吃饭时候说的"上市"呢，是指一些蔬菜到季节了就会批量地成熟丰收，然后被拖到菜场、超市这些地方，把它们摆上货架去卖给大家回家做菜吃，这就是上市。比如之前夏天时，豇豆、茄子上市，那个时候你们是不是在家经常吃到这两种菜？最近刚刚到秋天，茭白、莲藕就上市了。

孩子们听了一知半解，只有个别孩子听懂了。

茉茉：李老师，那菜场路边上有老奶奶卖的那个"毛栗子"是不是也叫上市？

教师：茉茉你的小脑袋转得真快，是的，秋天这个季节正是板栗上市的时候！

老师的话

午餐前的报菜名活动，孩子们通过多感官细致比较，认识并描述出菜的特征，丰富了关于"菜"的生活经验。同时，我通过报菜名也引起了大家的好奇心，从而促使部分挑食的孩子们愿意主动尝试不同的菜，接受不同的烹饪方式。刚好最近我们的主题进入"秋收之味"，孩子们对各种蔬菜的知识经验有了明显拓展。

当我说出一个概念性的词汇"上市"时，孩子们难以理解，求知欲促使他们去询问和思考。"上市"这个词本就有多层含义且非常抽象，所以我尽量用常见的蔬菜去举例，通俗易懂地讲给孩子们听。然而他们还是一知半解、似懂非懂，于是我决定邀请家长朋友们发挥家园共育的作用，带领孩子们多观察记录一些时令菜，从而加深对"上市"概念的理解。

一、菜场初印象

教师：你们去过菜场没？去过的举个手。

我统计了下，人数还没到一半。

教师：谁来说说看，菜场里面是什么样子的？

瑶瑶：有鸡。

帅帅：有好多蔬菜，还有卖肉的。

骏骏：有豆腐卖。

安然：我奶奶说里面有味道，有点脏，我都没去过。

大家你看看我，我看看你，没人愿意举手分享，我心想怪不得孩子们连常吃的鸡腿菇、笋、茭白切成丝就分辨不出来了。

教师：现在是秋天，是各种蔬菜、水果丰收的季节，马上国庆节放假家里人肯定会去菜场买菜烧好多好吃的，大家可以和爸爸妈妈、爷爷奶奶一起去逛逛菜场哦，"天王菜场"可大了！

假期归来，小朋友们分享在菜市场的所见所闻。

艾奇：我发现菜场人好多啊！蔬菜也很多。

骏骏：我和妈妈去买了猪肉，后面一个人他要买排骨，老板还在那里剁。

小哲：那个剁肉的刀特别大，宽宽的，比我们家里的菜刀大多了，旁边还有磨刀的，看着好吓人！

包包：妈妈买了一只鸡装在袋子里面，它老是动。

教师：没在菜场杀掉带回家吗？

包包：它的脚被捆起来了，还弄了个洞给鸡头露出来，回家妈妈自己弄的。

正正：我们那天买了西兰花，还有鱼。

汐汐：我奶奶买了虾和螃蟹。

瑶瑶：我也买了虾，那个盆里面还放了水泵养着它们的。

教师：水泵是干吗用的，为什么要放水泵呢？

瑶瑶：因为要有氧气，不然小鱼不能呼吸，就会死掉。

浩浩：我和妈妈买了玉米。

果果：爸爸带我买了大葱和蒜黄。

朵朵：我看到了鸽子，在笼子里关着的，还有鸡和鸭。

艾奇：我也看见了，笼子里面还给它们放了一小桶水喝，

还有吃的。

  教师：真的？都要卖它们了，干吗还喂吃的？

  小哲：对啊，有好多只，如果不喂的话，它们饿死了就不好卖了。

  果果：而且喂胖点是不是就可以卖更多钱，李老师？

  朵朵：我觉得它们关在那里面有点挤，有点可怜。

  安然：我感觉那里很脏、很臭，我在那边时走得很快。

  桐桐：朵朵，我妈妈买了一只鸽子，然后烧汤了。

孩子们回忆表征自己在天王菜场的所见所闻。

 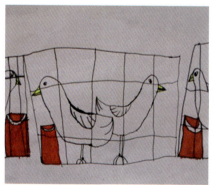 

131

老师的话

孩子们在讨论"菜场里面什么样子"这个话题时，表现出了强烈的好奇心和积极性。看来一场"参观天王菜场"的实践活动势在必行！

适逢国庆长假，家长们带领孩子们进行了"菜场初体验"活动。假期归来，孩子们对这次实践活动进行了分享，他们的讲述和表征都很丰富，总是能关注到一些特别的细节，例如：放鱼虾的盆里有水泵，笼子里待售的禽鸟类旁边有饲料和水，案板上的刀又宽又大。部分孩子已经认识到动物的生存需要氧气、食物、水源、空间等基本条件。

二、菜从哪里来？

1. 虎子叔叔

安然：李老师，我们家里是从菜场买菜，那幼儿园里我们吃的菜又从哪里来的呢？

保育老师：是送菜师傅送过来的，虎子叔叔负责给我们幼儿园送菜。

帅帅：虎子？老虎的虎吗？

朵朵：那他的菜从哪来的，他家种菜吗？

皓皓：送菜？是和送牛奶一样吗？

瑶瑶：大厨不去买菜吗？

我联系到虎子叔叔，带领孩子们一起探秘。

教师：这是虎子叔叔工作的时候，仔细观察，你有什么发现？

包包：这个虎子叔叔还穿了雨衣，他在从车上搬菜下来。

萱萱：有好多筐子，每个筐里都是一种菜。

果果：我看见了那个筐里红红的，好像是西红柿！

2. 什么叫"凌晨"？

教师：仔细看看虎子叔叔周围的环境，你们还有什么发现？

梦梦：我感觉天还是黑的，旁边的车子都看不清。

小哲：这好像是凌晨哎，他和我爸爸一样好早啊。

安然：李老师，什么叫凌晨啊？这辆卡车拖的都是菜吗？是虎子叔叔开的车吗？

茉茉：他戴着眼镜，上面还有水呢，天好像还在下雨。

艾奇：是晚上吧，只有一家亮着灯。

包包：我看见虎子叔叔后面的店还没开门。

皓皓指着照片一角：天就是黑的，你看那边的天，车子也是开着灯的。

果果：对，我也觉得是这样，而且地上是湿的，估计是在下雨吧。

我拿出一个时钟，"凌晨呢，是从我们时钟上晚上的12点到3、4点的时间，那个时候天还没亮呢，到处黑黢黢的，我们大家在干吗？"

大家齐声说："还在睡觉呢！"

3. 早起的工作

教师：虎子叔叔每天凌晨就起床去南京的大型批发市场进货，然后开卡车往天王菜场和一些饭店、学校送菜。

瑶瑶：那他每天怎么起得来的？

琪琪：手机不是好定闹钟嘛。

浩浩：他不要睡觉吗？妈妈说晚上开车眼睛会很累的。

朵朵：虎子叔叔不能多睡一会儿再送吗？我们早上上学还早得很啊！

教师：那虎子叔叔为什么要凌晨就起床呢？

正正：他要上班赚钱啊！

赫赫：因为这是他的工作，他得上班。

梦梦：而且他要开车，还要搬那么多菜，不然来不及送。

小哲：对啊，我爸爸也是一大早天还没亮就去工作了。

正正：你爸爸是做什么的啊？

小哲：我爸爸在句容的菜场工作，他每天晚上12点多就开车去进货了，然后凌晨忙好了歇会儿就天亮了。

瑶瑶：那他觉够睡吗？好辛苦啊！

小哲：他白天在家会睡觉的。

教师：原来送菜的工作需要起早，晚上睡眠不足白天的时候可以补个觉，和我们的作息时间有点不一样。

果果：我感觉这样还是蛮辛苦的，还会疲劳驾驶。

老师的话

安然是个非常喜欢问问题的小朋友，她提出的"菜从哪里来"的问题，把大家的关注点从"菜场的菜"引发到"菜场的人"上，因此幼儿园的送菜工——虎子叔叔成为孩子们采访的首选对象。通过对虎子叔叔工作的时间、服装、内容、场景等要素的讨论，孩子们初步理解了"工作"的概念，体会到早起工作者的辛苦。

小哲的爸爸在句容菜场工作，负责销售猪肉。与其他小朋友相比，小哲对于菜场的生活经验更加丰富。他和安然引发了关于"凌晨"的探讨。大班下学期的幼小衔接课程刚好有"时钟""时间"的概念，因此大家能够主动观察时钟，尝试认清时刻，体会送菜工凌晨工作的辛苦，萌发对送菜工这些早起工作者的尊重和感恩。

三、我们去菜场啦！

1. 出发前准备

教师：你们觉得我们去菜场需要准备些什么吗？需要注意些什么？

艾奇：菜场人很多的，要注意安全，牵好大人，不能乱跑。

正正：手机！

安然：要戴口罩，菜场里有一股味道。

桐桐：要带钱。

瑶瑶：疫情菜场人太多了，要戴口罩。

2. 摊位大调查

教师：你们在菜场都逛了哪些摊位啊？

皓皓：我去了卖蔬菜的阿姨那里，我还买了青椒。

浩浩：我逛到卖水产的那边了，我买了虾子。

包包：菜场一进门的那里就是卖干货和酱菜的，我看见了干海带。

瑶瑶：我发现卖蔬菜的都在一条线上。

骏骏：有豆腐，还有干子。

朵朵：有卖鸡和鸭子的，还有鸽子，都分开关在笼子里面，然后我看见那个杀鸡的店就开在笼子旁边。

安然：我在卖猪肉的边上发现了绞肉机，那个阿姨绞肉还收钱了。

教师：你们有没有发现，卖东西的摊位有什么特点？摆放的位置有什么规律？

帅帅：老板在摊位里面被框住了，我在想他们是怎么进去的。

桐桐：哈哈，总不能是翻进去的吧！

茉茉：摊子都是一长条的，像各种长方形，而且卖一类东西的都在一块儿。

赫赫：对！我发现卖肉的在一起，然后呢，卖豆腐、豆干的也在一起。

茉茉：李老师，我还看见虎子叔叔的店啦，是卖蔬菜的，我认得"老虎"的"虎"字。

教师：原来菜场里的摊位就像我们的区域游戏和材料框一样，是分类、分区的，一类的菜在一块地方摆摊售卖。

孩子们和我一起总结概括出菜场的摊位分区——蔬菜区、水产区、猪肉区、干货区、豆制品区、地摊区、面点区等。

梦梦：我发现卖蔬菜的有好多家，有的还有店。

包包：还有好多摆地摊卖菜的。

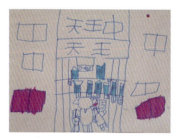   

3. 买菜初体验

馨馨：我买了一把芹菜，它是捆好的，很方便拿。

朵朵：我买了一颗花菜，那个奶奶在里面够不到，用一个托盘递给我的。

浩浩：妈妈说想烧个西红柿鸡蛋汤，我去挑了几个西红柿和鸡蛋。

正正：我买了一块豆腐，妈妈给了我两枚硬币，刚刚好。

艾奇：我本来想买一条鲫鱼的，婆婆说买昂刺鱼，这个鱼没什么刺还有营养，我就买了。

圆圆：我买了排骨。

赫赫：我买了螃蟹，它们的钳子和爪子都被捆住了。

茉茉：我在虎子叔叔店里称了些胡萝卜，他家胡萝卜好干净啊！还找了我4块钱。

骏骏：我买了平菇和豆腐。

4. 剥好的毛豆 VS 带壳的毛豆，哪个贵？

桐桐：妈妈带我买了毛豆。

教师：这个奶奶卖的有两种毛豆，你买的哪种？

桐桐：妈妈让我买这种没剥壳的。

教师：为什么不买剥好的回家烧？

萱萱：剥好的贵啊。

教师：萱萱，你也买毛豆了吗？比较过价格啦？

萱萱：没有，但是它浪费了时间。

果果：我觉得没剥好的贵，因为菜场有很多人在那里吐痰，我感觉那里的空气里有一些脏脏的小东西，那个毛豆外面有层壳，可以保护它一下，不让空气里的小细菌进到里面，会更干净一点。

茉茉：我觉得剥好的贵，因为剥好的回家可以直接洗一洗，省事儿。

教师：你们平时剥过毛豆没？剥起来感觉怎么样？

正正：剥过了，我不喜欢剥。

小哲：我在家剥过毛豆，指甲里抠的全是那个绿色的汁。

朵朵：剥毛豆有点累，我只帮妈妈剥过几个，都是她剥的。

萱萱：爷爷在家里让我剥过毛豆，我还洗过青菜，爷爷还奖励了我一块钱，嘻嘻，我在家已经赚了七块钱了。

教师：李老师没长指甲，剥得疼死了，不方便剥毛豆，我都买剥好的、现成的回来炒炒。

果果开心地挑挑眉：那李老师，你买剥好的是不是像我说的一样，因为带壳的更贵啊？

教师：不，是因为剥好的省事、方便点。我也不知道这两种的价格，你们讲的都蛮有道理的，回头你们可以问问卖菜老板或者家里买菜烧饭的大人，看看到底哪个更贵一点？

5. 花了多少钱?

教师：你们花了多少钱？和卖菜老板之间都是怎么交流付钱的？

朵朵：她够不到钱，我把钱直接放在那个托盘上面递给那个奶奶的，她还找了我1块钱。

圆圆：我妈妈手机付的钱。

正正：我拿妈妈手机扫码付的。

包包：我后来只剩下2块钱了。

瑶瑶：他们都有电子秤的，上面能看见红色的数字，给你称一下就知道多少钱了。

梦梦：那个店里有二维码的牌子，扫一下，妈妈再输个密码，钱就付过去了。

帅帅：那个架子上有标价格的，奶奶让我买了瓶酱油，花了9块钱。

6. 谁最辛苦?

赫赫：我觉得鱼铺的老板最辛苦，因为有人买鱼的时候她还要把鱼鳞慢慢地刮掉。

小哲：摆地摊的老奶奶比较辛苦，她一直在那里吹风。

瑶瑶：我也觉得老奶奶她们比较辛苦，因为我感觉她们赚不到什么钱，也没有店铺，而且天越来越冷了。

圆圆：我也觉得摆地摊更累，那些奶奶就坐个小板凳。

果果：我很好奇她们的菜都是从哪里来的，她们都自己弄吗？

茉茉：不会吧，应该会有家里人帮忙的。奶奶都年纪很大了哎，如果一个人忙的话会很累。

老师的话

在"摊位大调查"中,孩子们通过观察、计数、记录和讨论,总结出菜场里的摊位的划分与设置就像我们的游戏区域一样,是分类、分区的,同一类的菜品集中在同一片区域摆摊售卖。

在买菜的体验活动中,家长们鼓励孩子们主动和卖菜的老板沟通,并尝试不同的付款方式。孩子们通过掰手指、点数等方式,仔细核算好菜的价格,使用微信、现金、支付宝多种付款方式来支付,体验到自主买菜的乐趣。

孩子们在分享买菜经验的过程中,生发出了"带壳毛豆和不带壳毛豆谁更贵"的辩论话题。令人惊讶的是,大家大多一边倒地认为:带壳的毛豆贵。因为带壳的毛豆更干净卫生,而茉茉和萱萱坚持认为剥好的毛豆比较贵,因为剥毛豆需要花费时间。后期,萱萱还通过询问家长和逛超市看价目表等方法来验证自己的观点,孩子们身上这种科学探究精神已经初步形成。

四、奶奶,我想采访您……

教师:看来大家都很想知道摆地摊老人的工作,那我们回头邀请一位摆地摊的奶奶,你们采访采访她怎么样?

孩子们都很激动地答应了,抢着要做小记者。

教师:小记者采访前要做些什么?

馨馨:要拿话筒。

萱萱:要想一想你的问题,不能一紧张搞忘了。

教师:那你们提前想一想、画一画,你想采访摆地摊的奶奶什么问题呢?不然到时候忘记了。

寒冬季节,疫情又回弹了,大家不能去天王菜场实地采访了。于是,我把摆地摊卖菜的奶奶请进我们的班级。

桐桐:奶奶,你怎么把菜运到菜场去呢?

奶奶:我蹬三轮车拖过去。

果果:奶奶,我想知道菜打农药了吗?

奶奶:打药的,不然像那些小青菜上面全是虫子。

安然:啊?那这样是不是就不健康了呢?

奶奶:都打药的,不然虫子会把菜吃光的,我们打得少,打过后一段时间确保安全了才能吃。

朵朵：奶奶，你几点钟起床啊？早饭吃什么呢？
奶奶：吃稀饭，有时候带一口吃的，先去菜场占位置，到了再吃。
朵朵：为什么要占位置啊？
茉茉：哎呀，因为没有店啊，去晚了别人就在那里卖菜了。
瑶瑶：我在想奶奶你摆摊的时候，想上厕所了怎么办？
奶奶：你们去菜场没看见吧，有厕所的。
瑶瑶：那你去上厕所了，有没有人会来拿你的菜，不付钱就走了？
奶奶：不要紧，旁边摊子的人会帮忙看一下的。
贺贺：奶奶，你家应该有菜园的吧？有人帮你收菜吗？
奶奶：有菜地，都是我自己种的蔬菜。没人帮我收跟洗，他们要上班，都我一个人弄。
正正：奶奶你好辛苦啊！
奶奶：不辛苦不辛苦，还有什么要问的吗？
馨馨：奶奶，那你每天赚钱吗？
奶奶：肯定赚啊。
馨馨：赚得多不多啊奶奶？
奶奶：不多不多，几十块钱吧，好的时候像马上要过年了，一天下来赚得多。
汐汐：为什么过年时候赚得多？
赫赫：过年要烧好吃的，家里会买很多菜。
奶奶：过年大家买的菜多，菜也贵点，像那个时候，我们在菜场摆摊都摆一天的，当然就赚得多喽。

老师的话

孩子们采访的问题五花八门，妙趣横生。有的好奇摆地摊的奶奶早饭吃什么，有的思考奶奶的菜怎样运到菜场，有的关注奶奶想上厕所怎么办……通过采访摆地摊的奶奶，回忆身边的家人如何辛苦工作、养活家人，孩子们深刻体会到父母工作的不易，以及工作对于个人和他人的意义。

后记

日常生活中，虽然孩子们和家长朋友们偶有逛菜场买菜的经历，但是相关经验比较疏散凌乱。此次"探秘天王菜场"的课程活动是基于孩子们现阶段的兴趣和需要，以孩子们的问题为导向，一步衍生下一步，从夏末秋初到寒冬新年，持续对家乡天王的菜场探秘。整个课程过程中，由孩子们一个个新问题、真问题、好问题引领着大家往前走。每当我产生困惑——如何帮助孩子们提炼挖掘课程背后的意义时，还没等我纠结出预设和生成的把握程度，孩子们已经帮助我自然而然地过渡到更深一层次的探索。作为老师，我慢慢地学会"放手"，只在关键时候助推一把，我发现"教师退位"的教育策略可真不错！不信你看，最后我们班的孩子们关于菜场的课程经验所获，就像平时在美工区用珠子"串项链"一样，一粒粒珠子连贯成整串项链，变成了一件属于自己的作品，熠熠生辉。

去稻田里撒欢

句容市天王镇中心幼儿园

曾庆雯　李雪瑞

机缘巧合之下，我们的稻田小分队成立了，赶在油菜收割后参与了插秧活动。很快，随着秧苗的长大我们也来到了大二班。而这一亩田也成为我们的财富，但大家似乎忘记了之前的小小秧苗。

晨谈时，我们了解到最近俊俊小朋友家里开始了收稻子的活动，我们也想起了之前种植的水稻，而这也吸引了小分队的其他小朋友们。

教师：那你们还记得我们在稻田里都干了些什么事情吗？你们等一下可以画一画，再和我们大家说一说。

俊俊：我们在稻田里把苗种在田里，给它们排队，一个接着一个。

小余：我们的胶鞋都粘在里面了。

瑞瑞：我们的小苗应该长大了。

俊俊：老师，我们之前种的稻子熟了吗？大哥哥大姐姐帮我们照顾得怎么样了？

教师：我们可以一起抽空去田里看一看！你们还记得稻田在哪里吗？

小余：我知道，从教室下楼梯，然后转弯，再走走走走，那里有个巷子进去一直走。（一边说一边比画着）

俊俊：要路过一个小水沟的，跨过去。

果子：我们之前不是把它们排好队种在水里的吗？

俊俊：对啊就是那里呀，你不是去了吗？

星星：对的，对的，就是那里。

瑞瑞：你们说的这里那里我都不知道在哪里，我都没去过，你们能说得再清楚一点吗，我也想去。

妹妹：出门要路过石墩子的。

俊俊：那我画个路线图，不就知道了嘛。

大家纷纷根据自己的印象将路线图画出来，随后大家也进行了分组讨论，原来我们的稻田在这里。

 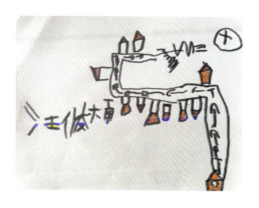

一．秋日来信

俊俊怀着激动的心情约上自己的好朋友星星，准备好尺子工具和妈妈一起来到了稻田。

1. 水稻零距离

俊俊和星星的探索和发现也吸引了其他的小朋友们，为了更好地开展后续的活动，老师们也提前去稻田进行踩点，并带回了两种稻子。

老师将品种不同的稻子分开摆放在两张方桌上，提供放大镜，请幼儿分组观察。

俊俊：这里黑黑的、黄黄的。

瑞瑞：这个还没熟。

俊俊：肯定是蚂蚁吃掉的。

瑞瑞：这两片叶子，从这里到这里都是黑的。

俊俊：是被感染了。

瑞瑞：哎，植物还能被感染啊？病毒都感染不了它们，什么还敢感染它们！

幼儿相互交换观察的小组。

瑞瑞：这个应该是枯萎的吧？

小汪：枯萎了，是因为它天天没喝到水。

澔哥：对的，对的。全被晒干了。黄色的是在秋天，而绿色的是在夏天。

瑞瑞：我正在给它剥出来看看里面是什么？（一边说一边剥）里面的是米饭吧。

小朋友们开始尝试用手剥开掉落的稻粒。

小余：你们拿一颗剥剥，看看里面是什么颜色。

俊俊：是白色的。快把绿色的给我来咬一咬。看看咬得动不？

小汪：白米就是1个小白米。

这时一旁的俊俊悄悄地将剥出来的放在嘴里，开始嚼起来。两侧的小朋友们都看着他。

教师：好吃吗，俊俊？是什么味道的？

俊俊：原味，普通味道。

茉茉：这个上面有点黑黑的。

小余：俊俊你吃的不怕有虫吗？我就吃那个壳子不是黑的。

俊俊又再次放进去一粒，旁边的小朋友们看得哈哈大笑。

小余：这个外面会有一条线，然后把它抠开，会有个小口子，再把它剥开，这样一颗完整的大米就剥出来了。

教师：为什么这个是扁的？

瑞瑞：扁的应该是它里面被虫咬了。

小汪：绿色的里面都没有，这个是没熟的，现在不能吃。里面都没有大米，都是空的。

小汪发现稻子上有一块是黑黑的，吸引了一旁的瑞瑞。瑞瑞想要从小汪手中抢过来，小汪不愿意给，两人谁也不松手，这个黑色的一下全部被捏开了，粘在食指和中指上。

小汪（放在鼻子前一闻）：诶，真难闻！

潇哥：这些其他的黑黑的是什么东西？是谁拉的屁屁？

潇哥：真奇怪怎么会有屁屁？

小汪：这是虫的窝卵。

瑞瑞：不应该呀，应该是虫拉的屎！

潇哥：对，应该是它便秘，然后你们打开，嘭的一声就发出来了。

小汪：和我们人类一样拉屎。

小余：先等一会（做出暂停手势），上面的小虫子肯定是害怕你们看它上厕所，它先拉出来一点屁屁，然后你们一拿就粘在手上去了。（双手一摊）

小汪：苍蝇的窝卵到这个上面就会变黑。

俊俊：我猜黑色的应该是生病了吧。

小朋友们产生了疑惑，于是我们让小朋友们带着问题回家问一问有经验的家长们。

2. 稻子生病大讨论

带着从爷爷奶奶们那得到的回答我们再次坐下来进行讨论。

小余：老师，婆婆说我们的稻子已经熟了，可以收回来了！

俊俊：我婆婆告诉我，黑的是因为有病菌，被传染了。

小余：为了不让更多的稻子生病，我们要把剩下的健康的稻子收割回来！

教师：那生病的稻子怎么办呢？

小余：要好好照顾它。

俊俊：用水冲洗，冲走就可以了，可以用全无敌，还可以用手把虫子抓下来！

小余：用蚊香，蚊子就是这么被熏死的，我家浴室就有，爷爷就点了蚊香，就变很少了。

教师的思考

幼儿在播种、插秧等一系列活动中不断积累关于田间劳动的经验，通过师幼、幼幼讨论和交流，幼儿用绘画的方式绘制简单的稻田路线图，并能够积极向同伴介绍、倾听他人的观点、不断修正调整自己的路线图。幼儿用绘画的方式记录下途中电线杆、房子、巷口的位置，加强了幼儿对周边环境的空间认知。

通过观察真实的事物，幼儿可以进行深入的学习。在观察水稻的时候，幼儿通过看、摸、尝、比较判断稻子是否饱满成熟，理解了水稻的结构关系，知道大米是需要脱壳的。

当发现水稻上出现"黑斑"时，幼儿能根据已有经验进行简单的猜测，并对发现的问题进行直观的解释。活动中幼儿能运用完整的语言讲述自己在观察中的发现，并用绘画的方式记录水稻生病的原因。幼儿能与他人分享各自的观点，并结合生活经验提出用蚊香、杀虫剂、冲洗等一系列的措施解决问题。

幼儿能够准确地表达自己的发现和想法，通过对水稻种植的一系列探索，获得了完整、联结的经验。

二、收割大作战

收割前我们的小分队也去稻田进行了踩点、观察。我们根据小分队的实地调查情况，商量制定我们的收割计划。

1. 收割前准备

澔哥：我们去田里看了，这个稻子真的成熟了，它们的头都弯下来了。

鑫鑫：这个是熟了的，我们家的都收回来了。

瑞瑞：这里面还有些空的呢！

小余：我们试了用剪刀不太好使呢，还好我们准备了镰刀，要不然弄不下来呢，用镰刀也要用好大力气呀。

瑞瑞：我们回去告诉他们，我们要收稻子了，再不收都老了。

教师：那我们可以怎么收呢？需要哪些工具呢？

小余：用割草机、镰刀。

天天：收割机、拖拉机。

小余：我们可以准备手套、胶鞋，还有小镰刀、小锄头。

澔哥：草帽也要啊，还有装稻子的背包。

澔哥：我们没有收割机和拖拉机。
俊俊：我妈妈就是用镰刀割的，我们也可以用的。
小齐：老师和我们大家一起去！我们还要带上敲锣打鼓的，给大家加油。
瑞瑞：我们要带上表演馆的大鼓，给他们加油。
小余：表演馆里面就有大鼓，我们可以带上，还有那个锣。
小汪：我们可以准备点音乐。

2. 收割进行时

在家长志愿者的帮助下，很快我们带着准备好的手套、镰刀等工具，还有音响、大鼓一起出发去我们的稻田进行收割。割稻前家长们先带小朋友们在周边走走看看，观察一下稻子。

伴随着欢快的丰收音乐和大鼓的加油声，我们戴好手套、拿起小镰刀，在家长们的指导、帮助下开始割稻子啦！我们将割好的稻子一捆捆地扎起来，还把掉落的稻穗拾起来。在这个割稻子的过程中发生了很多有趣的事情。

在割稻子的时候，我们也发现了旁边的稻田里还有收割机，速度特别快而且稻谷直接就能出来。这个时候小汪发出了疑问，大家也产生了争议。

小汪：你看人家这个收割机速度这么快，稻子也直接就能装进袋子里了。为什么我们没有收割机？

小余：我们不是商量了没有就不用收割机吗？

小齐：对啊，路窄进不去啊！

鑫鑫：我都掉下去了，机器怎么进去？

小汪：可是人家进来了啊，为什么我们不用？

瑞瑞：你家有吗？把你家的开来。

小汪：我家没有啊，可以借他们的！

瑞瑞：借，别人愿意借吗？那个奶奶说用这个机器要花钱的，你认识开收割机的爷爷吗？用机器不要钱啊，你有钱吗？我们班又没有钱。

小汪：我有一块钱的，不知道够不够。

瑞瑞：肯定不够啊，那个爷爷说一亩200块钱，我们这个有多大啊？

小汪：不知道，问问老师吧。

教师：我们这个只有8分。

瑞瑞：8分？那是多大？

面对小朋友的疑问，我们暂时无法解释8分有多大，于是建议小朋友们可以回头看看我们有多少袋并询问了隔壁田收了30几袋（大袋子），再推算我们的8分田到底有多大。

割稻体验感悟：

小余：我感觉劳动很辛苦，劳动最光荣。我们平时不能浪费粮食，如果看到其他小朋友们浪费粮食要提醒他们珍惜粮食。

瑞瑞：感觉很辛苦，我们不能浪费食物，农民伯伯会伤心的，这个是我们自己种的，我们都没好好照顾，收的都没有人家多。我们也是农民伯伯，要珍惜我们的劳动成果。

3. 稻田里来的"大刀客"

在收割稻子的时候，我们发现了一只螳螂，把它装进了透气的手套包装袋里，放在了大鼓上观察。

小齐：你看，它在拉屎。

小汪：那是它的宝宝吧。

茉茉：你看它的手臂多锋利，上面有尖的。

瑞瑞：像刀子一样，咔咔两下，它生活在田里肯定吃小蚂蚁什么的。

小彭：弄两个蚂蚱给它吃。

小汪：快看，它的手臂要伸出来了。

小彭：我们把它带回班级养起来吧。

于是，我们将螳螂一起带回了班级，小朋友们对这个螳螂非常感兴趣，有很多关于它的问题。

俊俊：我想知道螳螂是不是真的会被黄雀吃掉？

瑞瑞：地上的虫子它吃吗？

小汪：它的嘴巴是怎么吃的？

小余：它是怎么生孩子的？

俊俊：在田里它是怎么生活的？

我们大家一起绘制了田野环境图，把观察到的稻田里的环境和小动物们都标记了出来，回家后收集了一些和螳螂相关的资料，也在幼儿园的图书室找到了绘本《162只螳螂》，一起寻找关于螳螂的秘密。

 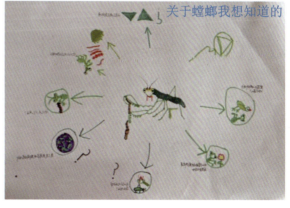

带着大家寻找到的"答案"，我们开始了关于螳螂的班级交流会。

星星：螳螂是吃肉的，它的刀臂很厉害。它喜欢住在稻子的叶子里，有的时候我们都不能发现它，它的速度很快。

天天：螳螂不吃草，它会吃小虫子，甚至还吃自己的同类。螳螂的嘴巴很小，和鸟、人都不一样，头上还有眼睛，但是好像看不见。

瑞瑞：它是一个武功大师，它有锋利的爪子，而且世

界各地都有它。有一些虫子它都能打败，像那些老鼠、蛇，它也可以打败。它的宿敌是黄雀，它很厉害，但也有它打不败的。它是由绿色和深绿色组成的，它打不过敌人的时候可以根据身上的颜色躲起来，躲在草丛里或者树上，这是它的保护色。它是一个非常厉害的虫子，而且它也很危险的，你一碰它，它会用它的镰刀手把你的手抓破。

我们大家互相介绍完关于螳螂的小知识，再去盒子边上观察螳螂时，发现它不动了。

滢哥：大哥，你快醒醒。

小余：是不是死了啊？

小汪：它就是睡着了。我们把它拿到外面看看动不动，只要动就活着。

小汪抱着装螳螂的盒子一直在摇。

瑞瑞：你要把它摇晕死了！里面还有个大蚂蚱和小蚂蚱。

小汪：它要是死了就变成渣渣了。

小余：我们应该把它放到大自然里去。

我们来到户外，滢哥把盒子放在木桩上打开。小汪小心翼翼地把盖子打开想把蚂蚱捉出来，但是又害怕，于是又把盖子盖了起来。

小汪：让我来想想办法把它弄出来。

小余：我知道，我们可以用树枝把它挑出来呀！

小余找了一根长树枝，还把树枝一掰两半当成一双筷子。小彭开始尝试用筷子把螳螂夹出来，但是并没有成功。小汪又去尝试，还是夹不出来，于是小汪直接把它倒出来了。螳螂倒出来以后，我们纷纷上前仔细检查螳螂是否还活着，看到螳螂在动就认为它还活着。

教师：你们愿意放它们走吗？

小余：愿意，因为它们是生活在大自然里的。

小汪：不愿意，因为它们以后再也不会回来了。

瑞瑞：这样它们不就更活不了了吗？它要生活在大自然里。

小汪：不行，我们必须要喂给它们吃，每天都要喂一点。

小余：我有一个好办法，我们挖一个洞，把它们埋进去，这样它们就不跑了，我们再做一个记号。

灏哥：它不闷死啊，它又不会挖洞，你要给它一个透气的。

小汪：这么一点点大（透气孔）它会死的，它会热死，我们必须回班找一个……

灏哥：我知道，我们可以多逮点蚂蚱，这样它就不会饿死了呀。

这时瑞瑞发现螳螂不动了，大叫起来。

瑞瑞：它死了。

孩子们纷纷说：它在装死！

然后又用小木棍把螳螂弄到盒子里去了。

关于"武功大师"的去留，我们在楼下观察时，产生了很大的争议，我们决定回去开个圆桌会议讨论一下——到底要不要放生螳螂。

小汪：它受伤了，要给它治好，这样它可以更好地长大。

小彭：我们要把它留下来观察。

小余：它本来就是大自然的，它要回去的。

瑞瑞：不像我们这是班上的，它的家就是大自然。

小彭：这样它就没有饭吃了！

瑞瑞：它不会捕猎吗？它不是捕猎高手吗？它是"武功大师"！

小汪：我不要把它放掉，如果不放生的话，螳螂会长更大。

小余：如果我们把它放生，它就会长大，如果不放生，它就活不下来了，因为我们的盒子里没有它爱吃的东西。蚂蚱在那蹦蹦跳跳的，如果螳螂上去的话，蚂蚱就会蹦得很高。

灏哥：要放掉，因为它是生活在大自然里的，大自然里有新鲜的空气，可以让它活起来，外面还有很多虫子，它爱吃那些虫子，我们要把它放到外面去，它才可以活起来。我觉得要放生，如果不放生，它就被大头弄死了。

瑞瑞：我也觉得要放生，因为我们班没有它想吃的东西，每次都是蚂蚱，它都吃腻了。

小汪：我们必须要找一个有稻子的地方，没有稻子它也会死啊。因为这是蛋蛋在稻田里找到的，说不定它已经在稻田里生活了好多年了吧。

讨论到一半，小汪把螳螂搬到桌子上，大家发现螳螂又流了一点血，而且螳螂也不动了，螳螂就这样死了。

潞哥：要不然等会儿我们挖个坑把它埋了吧！

瑞瑞：再放个墓碑在那。

小汪：我们应该再养几天，等它活起来的时候再放生。

潞哥：它都已经死了，不动了。

小汪：我们再想个办法，把它养活。

潞哥：养不活啦，它已经死了。

教师：你们知道什么是死吗？

瑞瑞：我知道，就是一个人当场去世而已，就像车撞了人一样。

潞哥：就像睡觉一样，一动不动，就说明它死了。

教师：你们觉得死亡可怕吗？

孩子们异口同声回答道：可怕！

教师：为什么可怕？

瑞瑞：因为死了以后，它的家人就再也看不见它了。

教师：下次我们再遇到这样的小昆虫，你们觉得我们应该怎么做呢？

潞哥：我们不要抓它，不然它又在我们这死了怎么办？

小余：下次再遇到的话，我们要把它放到它喜欢住的地方去。

最后孩子们把螳螂埋在了一棵小树下，并和螳螂做了最后的道别！

4. 掼稻体验活动

稻子收割回来后，我们在樱花大道的掼稻桶旁边进行掼稻，细心的小朋友们和家长们发现稻子并不能很快地掉下来，甚至有一些弄不干净。第一次的掼稻体验活动短暂结束了。在家长的建议下我们将稻子晒在外面好几天，开始进行了第二次掼稻活动。

小博：这次的比上次好掼，一下就掉下来了，掉得也比较干净。

小余：这个稻草也开始变黄了，不绿了。

潞哥：稻子的米粒都飞起来了。地上还漏了好多，要全部收起来。

小博：这个要斜着敲打，敲在这个桶壁上，要用力击打。

潞哥：用力还要快速。

小余：这个稻草可以做小人，用毛根做手和头发。可以帮我们看稻子，省得被小鸟吃了。

小齐：家里的旧衣服也可以带来。

教师的思考

幼儿能够感知到季节与植物之间的关系，感受农忙的生活氛围。在收割稻子前，幼儿通过实地踩点观察、对比和判断稻子成熟情况，将自己的发现和建议告知同伴。

在收割的过程中，幼儿通过分工合作、亲身体验、观察模仿家长和同伴的收割动作，学会正确地使用镰刀等工具。在收割现场观察比较镰刀和收割机之间的差异与优势，幼儿提出疑问"我们为什么不使用收割机"，幼儿能够结合现场的地理环境和实际情况进行分析和解释不使用的原因，也感受到了现代农业技术的便捷。在割稻子的活动中体验到劳动的辛苦，体会到粮食的来之不易，知道要珍惜、爱惜粮食和劳动成果。

在收割稻子的时候，幼儿发现了螳螂，通过观察、交流，幼儿对螳螂生活的环境有了一定的认识和了解，知道稻田里除了有螳螂外，还有一些其他的小动物，并绘制了简单的田野环境图。他们发现小动物与植物之间的依存关系，小动物之间的捕食关系。幼儿通过讨论，用绘画记录的方式将关于螳螂的问题记录下来。回家后通过调查、纪录片等形式收集螳螂的相关信息，在这个过程中幼儿了解了螳螂的觅食、防御、生存等行为，了解了螳螂的生活习性以及天敌关系。在讨论交流过程中，幼儿在表达倾听的同时，加深了对螳螂捕食行为、保护色的认识。幼儿知道了螳螂的活动与生活环境和螳螂自身的特征相关，了解了螳螂与植物之间的共生关系。对螳螂"刀臂"有了进一步的认识；与蛇等同类之间的竞争关系，使得幼儿亲切地称它为"武功大师"。幼儿通过真实的观察、图片、录像等形式，初步了解了大自然生物的多样性。对于螳螂的去留问题，幼儿能提出富有意义的想法，表明自己的观点和理由。通过讨论、辩论、交流表达各自的观点，倾听和采纳同伴的建议。经验的获得并不是凭空而来的，而是与幼儿已有的经验相联系、相结合的，在螳螂离开时，幼儿选择用人类的"葬礼"将它埋在最热闹的地方，结合自己的生活经验和生活习俗，幼儿用"跪拜"的方式与螳螂告别。从悲伤的情绪到坦然将它送回大自然的怀抱，幼儿意识到生命的可贵，知道要珍惜爱护小动物。

在掼稻子的活动中，幼儿通过观察对比，发现晒过的稻子更容易打下来。在整个过程中，幼儿的大肌肉、小肌肉、肢体协调能力都得到了发展。幼儿在整个活动中能够在教师的引导和同伴的交流讨论中不断感知观察，在操作体验中对掼稻的方法也有了一定的掌握和了解。对于掼过之后稻子的其他部分，幼儿进行了艺术创作，也为晒稻谷活动制作了稻草人。

在整个活动中，教师通过提问、给幼儿足够的时间和空间让幼儿进行观察，鼓励幼儿积极思考、收集信息，将自己的观点和想法进行介绍、讨论。这一系列自由活动，发展了幼儿的观察能力、思维能力和表达交流能力。教师通过提供绘本《162只螳螂》丰富了幼儿对螳螂生存、繁殖等一系列的认识，更好地帮助幼儿感知螳螂的生命周期。

三、稻子有多少？

稻子全部收割完毕，我们用原来装米的袋子进行了分装，这次我们数了数一共 11 袋。其中有一袋只有一点点。

教师：之前不是想知道 8 分田有多大吗？你们猜猜我们收了多少稻子，有多重？

俊俊：多少要称的，多重嘛，这个我也只能猜一下。

小齐：4 袋稻子和两个小朋友一样重。

小余：3 小袋稻子和 1 大袋稻子都和我一样重。

小汪：我们没有人家的多，原来 8 分田就只收了 11 袋啊。

瑞瑞：是的，不过有就不错了。

小余：那有多重呢？我们可以借昨天我们称体重的秤来称一下。

随后，我们一起来到保健室，向保健老师借走了昨天测量身高体重的秤。我们把秤搬到了存放稻子的小仓库。

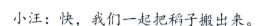

小汪：快，我们一起把稻子搬出来。

小余：小心，这边有水的，好不容易晒干的，别打潮了。

随后，我们把秤挪了一下位置，继续搬稻子并开始了测量。

小汪：这个动了，动了。

瑞瑞：有 140 吧？

小余：是 10 和 20，哪里的 140？这个在 10

和20的中间。小齐你快把它记下来，我来给袋子标个数字，省得搞不清了。

说完小余就去拿笔，小汪和瑞瑞将稻子搬了下来，小余在袋子上开始标数字，小齐在一旁进行记录。很快，我们将11袋全部称完了。

小余：小齐，你知道有多重吗？

小齐：我不知道啊，但是我知道最重的是第2袋，最轻的是第11袋。

小余：我们可以去食堂借那个带有数字的秤称一下不就知道了嘛。

说完，小朋友们来到了食堂，向食堂阿姨借秤。

小汪：这个秤要用电的，它在充电。

小余：这个看起来比刚才的还要重，我感觉我们搬不动了。我们可以把稻子运过来称。

很快，我们去塑胶场地拿小车一起将稻子运到了食堂，进行了再次称重。

小余：这11袋放在一起好重啊！你们快看这个数字！

小汪：你看堆得真高！数字也厉害的，295.60！比我们还要重！

小齐：当然了，11袋呢！

  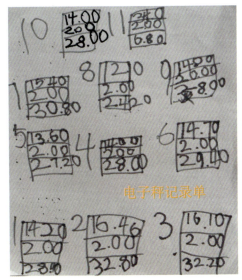

电子秤记录单

回到班级后,小余和歆歆在一旁用绘画记录下我们称重的活动过程,小齐和俊俊拿着体重秤的记录单和电子秤的记录表,一边整理一边讨论,这个时候发现了问题。

俊俊:第10袋呢?

小齐:要么是没听到,要么就是忘记了。就这两个原因。

小余:肯定是你把它忘了。

俊俊:第11袋旁边就是?(看了看体重秤的记录单)

说完俊俊继续看了看了记录表,小齐也凑近一看。

俊俊:这个长针它都超过数字12了。

小齐:它快靠近15了,是14多。(一边说一边用笔指着记录单)

说完,小齐将单子转给俊俊看。

小余:这刻度线一会长一会短。

俊俊(指着中间长长的指针):这个刻度是10?

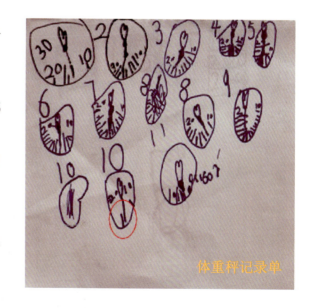

体重秤记录单

小齐:这个刻度是14,因为它快靠近15了。

教师:为什么是15?你是怎么知道它是15的呢?

小齐:因为这刚刚好就是15,它是最中间的刻度线。

教师:为什么最中间的就一定是15呢?

俊俊:因为我们不是说过,10和20中间不就是15嘛。

教师:有没有可能是16、17、18呢?

俊俊:哦,我知道了啊,从10数到20而15是数到第五个,就是那中间的。

说完,俊俊拿起桌上的水彩笔,开始排起来,一边排一边数。

俊俊：你看从前面数、后面数，中间的还是它，说明这个 15 就是最中间的。因为我们用这个粉色笔代表 15，是因为它是最中间的，它左边有 4 个，右边也有 4 个。

教师：那水彩笔都代表什么？

俊俊：表示数字，不对，这个刚才我们说错了，应该是从 10 开始。从 10，11，12，13，14，……，20，15 是第六个，是最中间的。

小齐：哦，明白了，看体重秤上的记录第 10 袋和第 4 袋、第 9 袋一样重，位置都一样。第 4、9 袋都是 14.00，它们在体重秤上都是比较靠近 14 的。

于是小齐在三格的最中间写上了 2.00，最后一行写上了 14.00，中间空了下来。

教师：中间是多少呢？你可以猜猜，写下来。

小齐：这几袋一样重，那数字也应该都是一样的。

记录表的第一行没有写，带着猜测的结果，随后我们和小齐一起重新称了第 10 袋，果然和第 9 袋一样重，小齐将第一行的 28.00 填写上去。

稻子收了这么多，我们也想把它们变成米，想尝一尝，我们尝试各种办法将米粒弄出来。

小余：用手抠出来就行了。

俊俊：可以用锤子。

瑞瑞：那不行，米都碎了，用磨豆浆的磨子也可以的吧。

小汪：（ga）米的地方也可以，我家旁边就有。

很快孩子们按照自己的想法开始操作了。小余用手抠，瑞瑞用磨子磨，小汪则在一旁当起了记录员。

小汪：你这个不行的，这个壳和米没能分开。

瑞瑞：是的，这个米有的都碎了，而且这个稻子上面还有一层灰，这个米也不干净。看来以前的人不是用这个磨豆浆的磨米。

小汪：这个可以给小鸡吃，不能浪费。

瑞瑞：小余，你那个方法行不行？

小余：可以是可以，不过指甲有点疼，我就放弃了。

小汪：看吧，还是用机器比较方便，我家的米就是在那弄的。

于是我们准备去我们的校外实践基地——戴庄大队，看一看机米的全过程。出发前我们决定自带两袋稻子过去，但奈何我们力气太小，最后请门卫爷爷帮我们搬了两袋上车。很快，我们一起乘坐大巴来到了实践基地！

方园长：这是我们的厂长。

孩子们：厂长好！

厂长：这是我们加工大米的机器，你们每天吃的大米就是从这个机器里面加工出来的。我带你们近距离参观一下。

俊俊：这个就是把稻子壳弄掉的机器吗？我记得之前也看过这种机器。

厂长：对！这里面是进料的，把稻谷放在里面，稻谷会随着这个提升机一步一步被运输到管子上面去，我带你们上去看看！

方园长：你们知道这上面的铁栅栏是干啥用的吗？

小汪：我知道，是防止有人不小心踩掉下去的。

俊俊：这些有壳的稻子是怎么变成没壳的大米哒？

瑞瑞：叔叔，这个机器我们街上也有的。

厂长：稻子经过那个提升机运输到顶上再通过管道进入这个机器。

俊俊：这些米都漏出来了，是机器坏了吗？

厂长：不是的。

瑞瑞：哇，这个机器是干什么哒？样子好奇怪。

小汪：上面有好多按钮，里面还有轮子在转。

厂长：这个机器是脱稻壳的。

瑞瑞：脱了稻壳，就像我们洗澡一样，滑溜溜。

厂长：米就会变得更细腻、更顺溜，它们就会从这个机器里出来。

孩子们：大米！哇！好多的大米！

厂长：这边就是筛子呢，把不好的米全部筛下来。

俊俊：这是一个筛选机器？

厂长：这个机器叫色选机，你们知道色选是什么意思吗？就是根据米的颜色，把里面黑的、有斑点的筛选出来，你们吃的就是筛选出来的好米。

瑞瑞：我们吃的就白米是吧？

厂长：对，带颜色的米都被筛选出来了，这就是它最重要的功效。

小汪：那筛选出来的大米到哪里去了呢？

厂长：你看，米就从那个机器里出来，这个下来就是大米了。

俊俊：我摸摸，米好光滑啊，还有一点热热的。

小余：机器上面这么多按钮有什么用？

厂长：大米装袋有20千克、50千克、100千克的，在机器上调一下，它就自动称好对应质量的米了。

小余：哇，好厉害！我第一次看到机米的机器。

瑞瑞：那这些稻壳去哪了呢？

厂长：跟我来！

我们随着厂长的步伐来到了后面的一个大仓库，一开门地上全是稻壳。孩子们忍不住发出惊讶声。

孩子们：哇！哇！好多稻子啊！（孩子们兴奋地在稻谷堆上蹦来蹦去）

厂长：这是稻壳！

孩子们：哎呀！进到鞋子里了！好痒！

厂长：看那边房顶下面，墙上那个小出口就是稻壳进来的地方。

跟随厂长的步伐，我们进入了另一个仓库。

厂长：孩子们看，这是收割机，你们知道吗？

小汪：我知道，它可以动，我在田里见过。

厂长：里面这个是插秧机。

孩子们：叔叔，它后面一排一排的是放秧苗的吧？

瑞瑞：上面是什么啊？

孩子们：上面还有好多梯子和管子。

厂长：这些是运输粮食的管道，把机器一开，粮食就通过管道被运进去了。

厂长向孩子们介绍大米加工设备的各种高科技技术。

瑞瑞：还是我们中国的技术高！

瑞瑞：爷爷，美国也有这么厉害的设备吗？

厂长：我们中国要超过美国，知道吧！

瑞瑞：可是我听我们画画老师说现在有的技术还是美国厉害一点。

厂长：你们要好好学习，将来超过美国就靠你们啦！

瑞瑞：我们中国还是最厉害的！我们中国高科技多着呢！

参观结束后，我们想让厂长帮我们把带来的稻子变成米，于是瑞瑞去询问厂长。

瑞瑞：爷爷，可以把机器开开给我们看一下吗？

厂长：不可以哦，我们这机器一启动就要消耗很多能源的，现在没有这么多粮食要处理。

瑞瑞：那好吧。

于是我们决定去幼儿园附近的机米厂机米，然后制作一堆美食请大家品尝我们的丰收成果！

教师的思考

幼儿在割稻子的时候提出了"我们能收多少稻子"的疑问，随着稻谷晒好、分装，幼儿也根据观察到的情况，结合自己的生活经验，运用多种方式来验证自己的猜测。幼儿运用标准化的工具来收集信息，用体重秤、电子秤进行称重。通过对数字、刻度线的记录尽可能完整地收集数据。幼儿回顾、整理记录时，发现第10袋数据消失后，能与同伴进行商量、讨论，根据已有的记录进行分析、判断、推理，并对自己填写的数据进行解释。幼儿能大胆质疑同伴的想法和观点，借用水彩笔的摆放来解决刻度线所代表的数字这个问题。在这个过程中幼儿通过探索、发现、判断，找出了问题的答案，建立了对事物之间的认识与联系。

在将稻子变成米的活动中，幼儿能主动尝试多种方法。结合平时的游戏经验，运用传统的方式给米脱壳；能根据生活中的发现，提出使用现代机器进行机米。通过实地参观机米厂，幼儿了解了机米有过滤、脱壳、筛选、分装等步骤，加深了对机米机器的认识，以及了解了稻壳的处理方式。同时也进一步观察认识了插秧机、收割机，幼儿感受到了现代科技的魅力与发达并赞叹中国技术的厉害，增强了民族自豪感，也知道了冷库、粮仓等存放粮食的地方，知道要爱惜粮食。

活动中幼儿通过积极的思考加以比较概括，在各种事物之间建立新的关系与认识。教师鼓励、认可幼儿用多种方式获取信息，通过提问、回顾帮助幼儿梳理经验，并进一步加工，形成一定的认知结构，使幼儿获得更加全面的经验。在这个探究的过程中，教师鼓励幼儿用图表记录数字、符号，幼儿学会了运用多种方式进行表达和交流，能够对探究结果做出一定的解释，并分享给同伴也是其自信心发展和强化的过程。

后记

自然界的生物种类繁多，不论是稻田里发现的红红的蚂蚁，还是收割的带有黑点的稻穗，抑或是研究的"武功大师"螳螂，对充满疑问和好奇心的幼儿都具有极大的吸引力。陈鹤琴先生曾说过："大自然是活教材，我们用眼睛去仔细看看，要伸出两手去缜密地研究。"当幼儿观察讨论稻子为什么生病时，当幼儿争论为什么不能用收割机时，当幼儿质疑第10袋的数据为什么会消失时，为什么能"称霸武林"的螳螂会死，他们学会了用观察讨论、倾听表达、实践探索去解决所遇到的问题。活动中，幼儿能够通过多感官的感知和体验，根据自己的生活经验和当前观察到的事实，做出自己的判断。不论幼儿的思考是否符合逻辑，教师都给予他们足够的时间和空间进行探索和思考，通过现代信息技术拓展幼儿的思维，使他们建立更加全面、完整的经验体系。幼儿在表达的过程中，也不断地思考。整个活动提升了幼儿的表达交流能力、科学思考能力和实践探索能力。活动中不断积累的丰富经验、悄悄萌芽的科学意识、大胆质疑的科学精神以及沉浸于活动中的专心致志，都将伴随着幼儿一起茁壮成长！

咕咕，鸽

句容市天王镇中心幼儿园

涂 静　李 娇

一、唐陵木易园观鸟之旅

经过了上一学期在园中寻鸟、观鸟的活动之后，小朋友们对鸟产生了极大的兴趣。正值春暖花开，孩子们望着在树上愉快玩耍的鸟儿，又有了新的讨论。

1. 树多的地方鸟儿也多

远航（一边说，一边用手指着树上的小鸟）：你们看，小鸟在树上和小伙伴玩呢。

晓冉：那是因为树上有虫子，小鸟在找虫子吃呢。

豪豪：爸爸说在树多的地方会有很多的小鸟，它们还在上面搭自己的窝，上次我在我家的树上就发现了一个特别大的鸟窝。（边说边用手比画了鸟窝的大小）

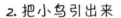

晓冉：那我们可以去树多的地方找小鸟吗？

豪豪：可以啊，但是哪里的树比较多呢？我不知道啊，我们怎么去呢？（一边说一边用手抓着小脑袋，认真思考着）

泽宇：我知道，爸爸带我去玩过，那里有很多的树，而且还有小马树、大象树，特别厉害。

2. 把小鸟引出来

孩子们精心制作了观鸟的计划，包括如何去唐陵木易园、观鸟需要准备的东西、在哪里观鸟等。一切准备得当后，孩子们带着望远镜、米粒、绘画本、马克笔、盘子等，一起来到了唐陵木易园。在木易园里，孩子们找到了小麻雀、灰喜鹊、斑鸠等常见的鸟类，孩子们想和这些新认识的好朋友友好相处，但是当孩子们凑近观看时，"害羞"的鸟儿总会飞得远远的。好在孩子们有过养蜡嘴雀的经历，知道小鸟爱吃米粒，于是他们开始了"如何把小鸟引出来"的话题讨论。

烨磊：它们（小鸟）很害怕我们，还没靠近看看，就飞走了。

梦梦：它（小鸟）怕我们抓住它，伤害它！

宇辰：我们以前养过蜡嘴雀啊，我们可以放点吃的给小鸟，然后我们躲起来，用望远镜远远地看。

睿睿：我们放点吃的，把小鸟引出来！

孩子们把米粒装在了盘子里，随后又把盘子放在了树下面，他们悄悄地躲在草里、墙后面，用望远镜观察着。

等了好久，孩子们也没等来小鸟的身影。孩子们有些着急地讨论了起来。

恩惠：小鸟在天上，好高啊，肯定看见我们躲在这里了。

悦悦：我们把米放在这里，去别的地方，它们可能就来吃了。

天睿：好吧，那我们先去别的地方，等会再来看看吧。

3. 树林是小鸟的家

孩子们带着自己的望远镜，在木易园里又开始寻找鸟儿的踪迹，他们发现树上有大大小小的鸟窝，树林之间还传来不同的鸟叫声，还有在树上休息、在树林间穿梭的各种鸟儿。

瑶瑶：那只（鸟）有点像乌鸦，但是它的嘴巴是深黄色的，和墙上画的一模一样。

艳艳：树上还站着一只，它的尾巴是黄色的。

童童（指着树）：那里有一只大的鸟窝，那里还有一个小点的鸟窝，好多啊。

最后孩子们返回到了最初放米粒的地方，惊喜地发现盘子里的米粒少了很多，孩子们猜测肯定是小鸟偷偷来吃过了，在统一商量后他们把米粒留在了木易园，给更多的鸟儿吃，就这样孩子们结束了愉快的唐陵木易园之旅。

教师的话

在去唐陵木易园观鸟之前，孩子们有过观鸟、喂养鸟的经验，知道一些常见鸟儿的生活习性。在为唐陵木易园观鸟做准备的过程中，孩子们精心地设计了观鸟的计划。在老师的帮助下，他们确定了去唐陵木易园的方式和路线，用心挑选了观鸟需要用到的物品。来到木易园，孩子们想吸引鸟儿出来，他们进行了两次尝试，虽然最后都失败了，但是整个过程中，孩子们不断地尝试，失败，再尝试，不轻言放弃，是很可贵的。

在观鸟过程中，孩子们还发现了大大小小的鸟窝，听到了婉转悦耳的鸟叫声，他们和鸟儿一样自由地在木易园里玩耍嬉戏。

二、孵蛋进行时

参观完唐陵木易园之后，孩子们对鸟儿有了更浓厚的兴趣，有的小朋友提出了小鸟是怎么来的？小鸟宝宝是什么样子的？带着问题，我们开始了孵鸽子蛋的旅程。

1. 初见鸽子蛋

初次看见圆圆的、小小的鸽子蛋，孩子们展开了热烈的讨论。

浩宇（手指着鸽子蛋）：这边有毛毛，白鸽子的毛，有点脏脏的。

桐桐：哎呀，这是屎吧。这不是蛋刚生出来时鸽子拉屎在上面的吧？

瑶瑶：应该是鸽子妈妈不小心弄在上面的。

梓暄（拿起蛋和明义手上的蛋比对）：我的蛋更长一点。

宇辰：这个蛋小小的，比鸡蛋小。

2. 我的专属鸽子蛋

孩子们特别喜欢小小的鸽子蛋，于是他们挑选了自己喜欢的鸽子蛋，在上面做了专属的标记。

3. 蛋里面是这样的

中班时，孩子们有过孵化小鸡的经验，做好标记后，他们迫不及待地拿起手电筒照照自己的蛋。

豪豪：（蛋里面）有一块黑色的地方，是小鸽子吧？

天睿：戴国豪，你看，我的蛋里面有血丝，细细长长的，像绳子。

昕昕（轻轻地晃了晃蛋）：里面的东西会动，是蛋黄吧？

途途：我的蛋里面有一大块黑色的，看不清楚是什么。

悦悦：应该就是小鸽子。

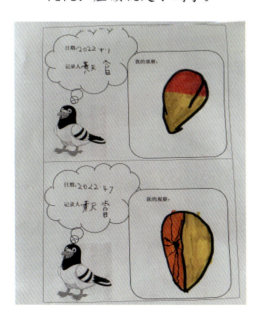

4. 慢慢孵化的蛋宝宝

观察完蛋宝宝后，孩子们小心翼翼地把蛋放在了孵化器里，贴心地为孵化器加了水。以后的每一天，孩子们都在细心照料着孵化器里的蛋宝宝。

孵化到第5天时，孩子们又拿手电筒照了照自己的蛋，蛋宝宝有了新的变化。

依依：蛋壳上面有好多血丝啊，像我们手上的筋一样。（说完指了指自己手腕上的血管）

桐桐：对啊，细细长长的，应该是小鸽子的血管，是紫色的呢。

泽宇：和我手上的筋一样。

烨磊：这个应该是小鸽子的身体吧，小小的，像豌豆。

远航：好小啊，小鸽子快点长大出来，和我们一起玩吧。

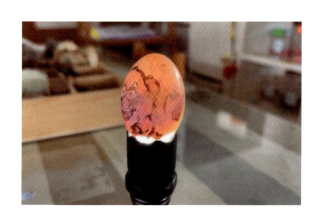

孵化到第10天时，蛋宝宝里面又不一样了。

雨欣：我的蛋里面全是黑色的，看不到小鸽子了。

豪豪：这个黑色应该就是小鸽子，是它的身体。

烨磊：它长这么大了，肯定要出来了。

孵化到第15天时，日常给孵化器加水的孩子们发现了破壳而出的鸽子宝宝。

睿睿：啊，鸽子宝宝出来啦。

恩惠：好可爱呀，小小的，它身上有黄色的毛毛，哎呀，它的眼睛好大啊，有点吓人。

烨磊：可是它的眼睛好像没有睁开，好像还没睡醒。

艳艳：这边有两个蛋壳，它是从这个里面出来的，它是啄的，所以肯定很累。

梓暄：老师你看，小鸽子的眼睛特别大，像黑宝石一样。

晓冉：戴国豪，小鸽子身上没有羽毛，有点秃秃的，它会不会冷？

豪豪：不会吧，（孵化器）里面很暖和的。你看它（身上）有黄色的小毛毛。

明义：我们不要吵着它了，让它睡觉吧。

5. 细心喂养鸽子

看着小小的、可爱的鸽子宝宝，孩子们兴奋极了。可是问题来了，鸽子宝宝吃什么，怎么喂它呢？

烨磊：和小鸡一样吧，吃饲料，我们可以去买点饲料。

豪豪：它的眼睛都没有睁开，怎么看到吃的呢？肯定不会吃啊。

恩惠：鸽子宝宝不会自己吃东西的，应该是鸽子妈妈喂它。

豪豪：可是我们去哪里找鸽子妈妈呢？

昕昕：我们没有鸽子妈妈。

讨论了半天，孩子们还是没有讨论出结果来，于是他们想到了寻求老师的帮助。在老师的帮助下，孩子们知道了喂养小鸽子是一件很复杂的事情，要每隔两个小时喂一次奶。

老师和孩子们用细细的针管吸入奶，慢慢地喂到小鸽子的嘴巴里。

梦梦：哎呀，鸽子宝宝在喝奶，它的嘴巴在动，好可爱呀。

轩轩：我们要慢慢地，不然会呛着鸽子宝宝。

豪豪：轻点，不要伤着它。

6. 一件伤心的事情

按照喂养鸽子的教程，老师和孩子们一起开始喂养小鸽子。可是好景不长，第一只破壳的小鸽子死掉了。

睿睿：小鸽子不动了，它是不是死掉了？

悦悦：它死了，一动不动的。

晓冉：肯定是我们没有照顾好它，没有给它讲故事，它太孤单了。

天睿：小鸽子肯定是不喜欢我们给它喂的奶粉，饿死了。

依依：（小鸽子）太小了，这里面空气不够，然后闷死了。

烨磊：是没打针吧？爸爸说我们刚出生的时候都要打针的。

徐灿：它没有羽毛，是不是太冷了？

豪豪：可是孵化器里面很暖和的。

短短几天的时间，破壳的鸽子宝宝接二连三地都死掉了。看着原本爬来爬去活泼的鸽子宝宝突然不动了，孩子们和老师都十分难过。睿睿最在乎他的小鸽子了，总是追着老师问："我的小鸽子还会回来吗？"

那几天，班级里的老师和小朋友们心情都十分低落。

于是我们老师商量，决定买两只小鸽子以及一只公鸽子、一只母鸽子。

教师的话

从初见鸽子蛋时，孩子们就充满了好奇。在孵蛋的过程中，孩子们每天主动照料自己的蛋，认真观察蛋里面的变化。孵蛋的过程是漫长的，孩子们既期待又担忧，当第一只鸽子宝宝破壳而出时，他们产生了新的疑问：没有鸽子妈妈，鸽子宝宝吃什么呢？在这个时候，我们老师并没有直接告诉孩子们答案，而是鼓励他们大胆猜测。孩子们能够结合自己的生活经验，大胆地进行猜测并分享，最后孩子们带着自己的猜测，自主探究寻找答案。

在喂食鸽子宝宝的过程中，虽然很艰辛，但孩子们还是坚持了下来，不断尝试。面对精心照料着的小鸽子死掉的时候，孩子们第一次那么真实地感受到生命的脆弱，这一刻孩子们的伤心、沉默就是对鸽子宝宝的爱的最好诠释。

三、我们与鸽子一起成长

1. 我们与鸽子的第一次见面

烨磊：小鸽子的头上有一点黄毛。

宇辰：大鸽子的脚趾甲好长啊。

昕昕：小鸽子身上秃秃的，哎呀，脖子那里可以看到粉色的。

灿灿：那是小鸽子的肉。

天睿（手指着鸽子的脚）：戴国豪，它的脚是红色的。

晓冉：它的眼睛好小哦，我怎么感觉它是小眯眯眼。

悦悦：它的嘴巴尖尖的，就像三角形一样。

泽宇：为啥小鸽子不会走路？

天睿：谁说的？吓它一下它就会走了。

说完之后拍了拍鸽子的笼子，叫了一声。

依依：黄天睿，你吓着小鸽子了。小鸽子还小，不能吓它们的。

2. 公鸽子？母鸽子？

中午的时候，孩子们又在观察鸽子。这时候豪豪突然指着左边笼子里的大鸽子说："这是公鸽子，因为它的眼神很凶。"孩子们听到之后，瞬间展开了讨论，有的认同豪豪的观点，有的则不认同。于是我们开展了一次大讨论。

孩子们的观点：

从鸽子的体型来区分：体型大的是母鸽子，体型小的是公鸽子；

从喂不喂小鸽子来区分：喂小鸽子的是母鸽子，不喂小鸽子的是公鸽子；

从鸽子的状态来区分：公鸽子的眼神比较凶，母鸽子还好。

最后，孩子们一致决定采用最简单的方式来验证究竟谁是母鸽子。我们在笼子里分别放了一只大鸽子，一只小鸽子。经过几天的观察，我们发现，羽毛上有黑色的是鸽子妈妈。

看着鸽子妈妈喂小鸽子，孩子们忍不住心疼鸽子妈妈。

晓冉：小鸽子的嘴巴这么尖，鸽子妈妈肯定很疼。

远航：鸽子妈妈真辛苦，我们要多喂点好吃的给它。

梦梦：可是我们只有玉米和饲料，没有其他好吃的啊。

天睿：我知道啦，我们带它们去小山坡，那里肯定有许多虫子。

3. 鸽子为什么啃树皮？

说干就干，孩子们带着鸽子们来到了小山坡。然而，他们却发现鸽子竟然在啃树皮。回班后我们进行了讨论。

泽宇：我看见树皮里面有小虫子，（鸽子）应该是在吃虫子。

徐灿：树皮硬硬的，有可能是在磨它的嘴巴。

吴桐：它就是喜欢吃树皮上白色的东西，那是我们冬天给树刷的，你们忘记啦？

孩子们都有各自的想法,那么到底鸽子为什么会啃树皮呢?

回到班级里,豪豪和几位爱读书的小朋友立马找来了绘本《鸟类王国》,在里面寻找答案。原来鸽子没有牙齿,没有办法将食物磨碎,只能吃一些硬的石子之类的帮助它们消化食物。

童童:小鸽子没有牙齿,是不能把玉米弄碎的。石子比玉米硬,可以把玉米弄碎,然后小鸽子就能把玉米消化了。

豪豪:我上次看见鸽子的屁屁里有小石子,应该是它没消化,拉出来的。

知道了小鸽子需要喂沙子和石子之后,孩子们经常去找这些东西喂给鸽子。

 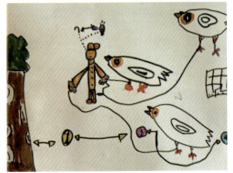 

4.我们和鸽子一起成长

随着天气越来越热,鸽子们也越长越大,孩子们也一直以自己的方式来记录鸽子的成长。但是在测量的过程中孩子们也遇到了问题。

陈冉:小鸽子在笼子里动来动去,我们把尺子放进去,根本不好量。

桐桐:我拿尺子的时候,笼子太小了,手伸不进去。

梓暄:尺子是直的,没办法弯起来放进笼子里。

遇见问题,孩子们也没有退缩,而是积极地寻找解决的方法。

桐桐:我和李睿想来想去,最后我们在笼子的边上,轻轻地,没吓到鸽子,然后把尺对着鸽子就量出来了。

天睿:我打开笼子,把鸽子抓了出来,陈冉拿尺子量鸽子,(尺)上面数字是33。

泽宇:第一次量的时候到8,第二次到20,长了这么多。

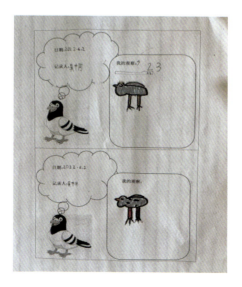
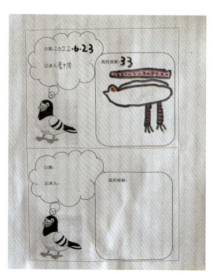

5. 满地羽毛

早上孩子们入园时,发现满地都是羽毛,孩子们立即围了过去,七嘴八舌地讨论了起来。

浩宇:小鸽子怎么掉了这么多的毛啊?

豪豪:肯定是它们打架了。

桐桐:不对,只有这只鸽子掉毛了,它一个人和谁打架啊?

依依:它是不是换毛啦?我们家的狗也会换毛的。

灿灿:它是不是生病啦?好可怜哦。

询问了专门养鸽子的人之后,孩子们担忧的心情又放松了下来。原来这是鸽子正常换毛的现象,后来我们在网上观看了相关视频,孩子们了解了鸽子换毛的相关内容。

孩子们对羽毛很是喜欢,他们捡起了地上的羽毛,热烈地讨论了起来。

睿睿:这个羽毛是最大的,摸起来滑滑的。

良艳:这个感觉炸炸的,全是小小的毛,摸起来软软的。(说着把羽毛放在自己的手上)还能粘在我身上呢。

瑶瑶:这个和那个(最大的羽毛)差不多,但是下面是炸炸的。

轩轩:我的是最大的羽毛,滑滑的,最小的是那个,摸起来软软的。

梦梦:这个好像我棉袄里面的毛毛。

昕昕:棉袄里面的是鹅毛吧,这个是鸽子的毛。

教师:你们看看不同的羽毛分别来自鸽子身体的哪里?

豪豪:最大的毛在鸽子的羽毛上,你们看。

冉冉:它的脖子上面的毛毛是最小的,软软的。

孩子们一直讨论着三种不同的羽毛,老师也通过绘本向孩子们介绍了三种羽毛的名称:正羽、半绒羽、绒羽。

正羽

半绒羽

绒羽

看着孩子们如此喜欢羽毛，于是老师专门找到了养鸽子的人，收集了一大堆的羽毛。孩子们记录表征了自己的羽毛，也设计了许多有关羽毛的作品。

辰辰：我的羽毛最好看了，有黑色、棕色和白色三种颜色呢。

童童：我的羽毛像叶子，上面有好多的线条。

一诺：我的羽毛是灰色的，它的下面有一个把子，我可以把它当成扇子。

雨欣：我的羽毛全是白色的，摸起来滑滑的，没有其他的颜色。

 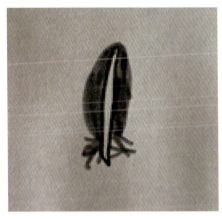 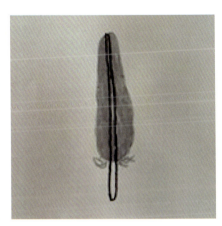

李昕：我想把羽毛打个洞，串上蓝色的小珠子，做成手链送给妈妈。

冉冉：电视上面的人用羽毛蘸墨水写字，我也想用我的羽毛写字。

宇辰：我想把它做成羽毛项链，戴在脖子上。

恩惠：我喜欢黄色，我要给我的羽毛涂上黄色的颜料，晒干之后，放在我的床上。

豪豪：我想再多收集一些羽毛，做成羽毛扇子，夏天热的时候可以扇。

6. 我们不说再见

六月的天气越来越热，孩子们也要和幼儿园说再见了。离园前，孩子们对小鸽子依依不舍。

恩惠：我们可以把小鸽子放在小一班，这样我们想小鸽子了，一来幼儿园就可以看到它们。

雨欣：我想请小班的弟弟妹妹好好照顾它们。

天睿：可以让他们教小鸽子送信，给我们送信，送到天王小学。

烨磊：可以的，但是要请专门的人来教。

豪豪：小鸽子，我们要去上小学了哦，你们要快快长大哦。我们等你们给我们送信。

晓冉：再见啦小鸽子，我们会想你们的。

教师的话

在饲养鸽子一家的过程中，孩子们很爱鸽子一家，这种爱也伴随着一种责任。孩子们开始每天早上主动给鸽子一家喂食、打扫卫生，在悉心照料的过程中，孩子们也不断地有新的发现。当面临新问题——如何区分公鸽子和母鸽子时，孩子们能根据自己观察到的现象，结合已有经验进行合理的推论，当然他们也会认真倾听同伴的想法，能用一定的方法来验证自己的猜测。在不断验证自己的猜测中，积累了饲养鸽子的经验，更好地承担起照顾好鸽子一家的责任。

在测量记录鸽子成长的过程中，孩子们使用绘画的方式记录了他们每次的测量结果，通过对比，客观地得到鸽子生长所带来的体型的变化。当然，在测量笼子里的鸽子时，孩子们一开始并没有成功，在不断地更改测量工具和测量方式之后，最终他们寻找到了一个最简单的方式，这是孩子们坚持探索的结果。

教师的话

自然界的动物对幼儿具有极大的吸引力，孩子们在幼儿园里就对鸟儿十分感兴趣。通过唐陵木易园观鸟活动，一是满足了孩子们观鸟的好奇心，二是萌发了孩子们爱鸟、保护鸟的意识。在观鸟的过程中，孩子们知道鸟儿怕人，为了不吓到鸟儿，他们悄悄躲在墙后面，这是孩子们心中对鸟儿最单纯的爱和守护。

对于孩子们来说，生命教育不是简单的关于生命知识的一种宣讲。当看到有的鸽子蛋没有孵化出来时，孩子们体验了生命诞生的艰难；当孩子们悉心呵护的小鸽子死去时，他们更感受到了生命的脆弱和不易，甚至在很长的一段时间内，孩子们都没有办法坦然地去面对鸽子宝宝的离开。可以说孩子们在探究鸽子蛋变成鸽子、喂养鸽子宝宝的过程中，经历了一场生动的生命教育。在这个过程中，孩子们心中对于鸽子的爱也像一颗种子，随着鸽子的成长，逐渐发芽、生长、开出花来。伴随这种单纯的爱，孩子们也萌生了爱鸟、护鸟的意识，这将是他们爱护动物、保护动物的一个起点。

对于同时参与了整个过程中的老师——我而言，这段故事也是我人生中一段宝贵的经历。第一次孵蛋的我，曾感到手足无措；第一次看见鸽子宝宝坚持不懈地破壳而出，我感叹生命的坚强；面对鸽子宝宝的离开，我和孩子们一样很长一段时间都无法释怀。在我的人生中，我第一次那么真切地感受到生命的脆弱。我想，在这个过程中，我也经历了一次生动的生命教育。

在整个活动过程中，遇到问题时，孩子们总是会有很多千奇百怪的想法，我们也尊重每一位孩子的想法，认真倾听，鼓励孩子们自主探究，验证自己的想法。在不断的探究中，孩子们获得了饲养鸽子的经验，初步感知到了人与动物之间的关系，也萌发了爱鸟、护鸟的情感。

我想种下一棵树

句容市天王镇中心幼儿园

曾 燃 付佳佳

中班时，我和搭班老师一起想尝试培育一盆种子盆栽，便在五月份的时候收集了一些紫藤种子进行育苗，班上的一些孩子对此产生了浓厚的兴趣，每天也都来浇水观察。因为临近放假，天气炎热，紫藤小苗夭折了，秋天来临，孩子们将自己收集的种子带回来进行催芽培育。

一、一波三折

1. 采摘无患子

学校操场上的无患子结了很多的种子，家润、晋阳、阳阳等几位男孩子在幼儿园里找来了梯子，准备爬树摘取果实。

阳阳：山坡那里有一个梯子，我们去拿。

子昕：一起去。

晋阳：梯子太重了，而且我不敢爬。我去拿棍子打下来，也是一样的。

思睿：那你一个人拿棍子打吧，我们搬梯子去了。

爬梯子的时候，战勋首当其冲，第一个爬上去，其余男孩跃跃欲试，思睿也试着爬了上去，他弓着身，慢慢地开始打种子。

晋阳：哇，黄战勋好厉害，王思睿也好厉害。

曾老师：要不你也试试？

晋阳：我不。

瑶瑶：黄战勋不止会爬树，一区长廊的攀爬梯他能爬到最上面去，很厉害的。

心悦：无患子的种子像黑珍珠一样，很光滑。

晋阳：我们需要这个进行育苗的，他们在上面打，我们在下面捡，然后大家分一分。

樟樟：黄战勋好厉害，那么高他都不怕的。

不一会儿，大家获得了很多无患子种子。

我们班的孩子都叫无患子种子为泡泡果，因为它会搓出很多的泡沫。

语薇：真的会搓出许多泡沫，还蛮有用的。

婷婷：好神奇啊，而且还有股淡淡的香味，和洗手液的味道不太一样。

2. 培育无患子

晋阳和战勋、阳阳、思睿是打无患子的积极者，所以他们成了第一批育苗者，他们把无患子种子洗净放入水苔里，耐心地等待着种子出芽。

战勋：这个水苔有一种很奇怪的味道，你们闻到了吗？
晋阳：我闻到了，有点像水草，水里的苔藓那种味道。
夏妍：你们这个能成功吗？
阳阳：不知道呢，也许吧。要是成功了你们也来试试。

经过8天漫长的等待，无患子种子终于催芽成功。

阳阳：太棒了，终于成功了，不枉我等了这么长时间。
思睿：黄战勋的长得最大，而且最多。
晋阳：我的苗好像最小，但是我觉得我的也还可以的。
战勋：这是我第一次育苗，想想还有些小激动。
泽一：真的长出来了？
家润：那别的种子可以吗？也可以成功？
泽一：你可以试试看，我也想试试。
夏妍：真的长出来了！好神奇啊。我几天没看它，都长这么大了。
心悦：你好几天都没看好吧，人家周晋阳他们天天来看的，这下他们高兴极了。

188

3. 痛失爱苗

晋阳和他的朋友们每天都会来照顾他们的小苗。

这几天，晋阳奶奶有事，每天都送得很晚，他便拜托思睿给他换水，思睿在换水的时候不小心把他的小苗弄断了一棵。

思睿：我是不小心的，我没碰到它，可能轻轻地碰了。

晋阳：那我只剩2棵了？要不你给我1棵。

思睿：我也就3棵，而且是你让我帮你换水的，我不是故意的。

晋阳：好吧，那就算了，下次你小心一点。

曾老师：问题解决了？

晋阳：解决了，我损失了1棵小苗。

曾老师：我相信你的2棵苗会健康长大的。

晋阳：我也觉得。

4. 蚜虫事件

这天，晋阳的小苗上出现了一个虫子，曾老师说这好像是蚜虫。

心悦：这个蚜虫是害虫，会吃叶子的。

晋阳：那怎么办？

心悦：你把它弄下来。

晋阳：我害怕，你帮我弄一下。

心悦：我也不敢。

这时候，战勋一声不吭地上前把蚜虫弄了下来。

蚜虫事件之后，晋阳就给他的小苗套了一个水果网，美其名曰保护网。

晋阳：我得把我的保护好，别给虫子吃了，拿个网子保护起来。

婷婷：网子没有用，虫子一钻就钻进去了。

又过了几天，晋阳自己在换水的时候不小心把1棵苗给折断了，她去找付老师寻求帮助。

晋阳：我只剩1棵苗了，怎么办？

付老师：怪谁呢？我也没有办法呢。

晋阳（大喊起来）：有没有人愿意给我1棵苗？

没有人回答他，也没有人愿意给他。

晋阳：算了吧，1棵就1棵吧，也可以了。

因为疫情原因，幼儿园突发停课，小苗都被放在了学校，只能请保育阿姨帮我们代为照顾。疫情之后孩子们来园，晋阳剩下的一棵苗仍然在健康茁壮地成长，充满生机。

教师的话

在这个育苗过程中，晋阳经历了被别人弄断一棵苗—蚜虫事件—自己弄断一棵苗这几个突发事件，面对这些挫折，他争取过，比如他想要思睿赔给他一棵，结果没能如愿，他觉得也没关系，他自己也还有。经历了好几次的波折，但是他从来没有放弃过，也没有因此影响自己养护的信心，他是个乐观的孩子，对于他来说，结果不重要，只要他在这个过程中感受到了自己当初那种热爱和憧憬。在养护过程中，面对这些事情他也积极地采取了一些措施和补救方法，比如给小苗套上水果网，其他同伴不理解，觉得没什么用，但对于他来说是一种态度，是一种爱护。他在整个采摘、育苗和养护过程中有着和别人不同的想法，他不敢爬梯子就拿棍子当作工具，无所谓打下来几个，有了就行，整个过程有着一种满足享受的心理，并且一直保持着，其实他的心里已经有一棵参天大树了。

二、集万千目光于一身的育苗者

1. 鸡蛋一样的牛油果

子昕只育过一棵苗，那就是牛油果，他亲口吃掉的那颗牛油果。

有一天早上，黄子昕小朋友带来了一颗种子引起了全班孩子们的注意。

安琪：这是什么？

子昕：是牛油果的种子。

泽一：牛油果我吃过，很难吃的，吃到嘴里想吐。

子昕：我很喜欢吃，这是它的种子，妈妈说这个可能也会育苗成功，我带来试一试。

夏妍：好圆润，像个鸡蛋，又有点不像，挺好玩的。

2. 水培牛油果

子昕找来一个小瓶子，将种子放在上面，每天都换水，一天、两天、三天、十天……种子仿佛没有任何变化。

3. 土培牛油果

我建议子昕要不换个方法，放在土里试试。于是牛油果被转移到了土里，但是这几天子昕家里有事请假了。

同伴们每天照顾自己小苗的同时不忘看看子昕的苗有没有动静，毕竟很稀有，只有一个嘛！

瑞瑞：这个牛油果是不是不会成功，我看一点动静都没有。

夏妍：你有点耐心好不好，又不是你的种子。

瑞瑞：我好奇啊。

付老师同样也很好奇，一天早上，她悄悄地把种子从土里拿出来看了看，你猜她看到了什么？她发现底下长根了。她没有对小朋友们说，只告诉了我。

又过了几天，子昕仍然没有来，但是大家发现牛油果的顶端裂开了。

大家顿时来了精神。

晋阳：我看到了什么？我看到了牛油果种子冒芽了。太稀奇了吧！

樟樟：黄子昕来肯定会很开心，因为真的等了很长时间。

心悦：还好我们没放弃。

梦瑶：你看它的壳子破了，是从中间长出来的。

过了几天,子昕来了,大家赶紧把这个好消息告诉了他,他好像很淡定:我就说吧,它会发芽的。

晋阳:你怎么就那么确定呢?

子昕:曾老师前几天在微信中都和我妈说过了,还拍了照片。

大家:哈哈哈哈……

雨晨:你为什么想要培育这个啊,你可以换一个啊,几天就成功了。

子昕:因为我和妈妈都喜欢吃牛油果,我只想培育这个。

雨晨:那这种种子要是不好培育呢?

子昕:那我就不培育了。

4. 入住小花园

之后黄子昕小朋友便一直精心照顾他的小苗,把它放在了自己家的小花园里。

时间过得很快,眨眼间几个月过去了,牛油果小苗为子昕家小花园增添了不少生机。

教师的话

子昕从带来这一颗牛油果种子开始,就对它抱有很大的期望。他有着自己的想法,有着很明确的目的——我只想培育这一颗种子。因为特殊原因,在整个出芽过程中他参与得不多,但是会经常发消息向老师询问情况,请求老师代为照顾。子昕是一个不善言辞的孩子,对于自己喜欢的事物有着异常的执着,正是这份执着才能让他即使毕业了,在家里也会好好照顾这来之不易的小苗。

班级其他的孩子们对于子昕这颗种子的培育关注度很高，并且这个培育时间很长，所以大家怀疑是否能成功，最后经过漫长的等待终于成功了，班上的孩子们都很开心，这是整个育苗活动中很重要的一段——激起了班级其他孩子们的兴趣。之后孩子们将家里的种子带过来培育（柚子、龙眼、橘子），兴趣浓厚。作为老师，其实在课程中，我们经常会遇到有关孩子兴趣这一问题，我们更多要做的就是静待花开，无论感兴趣的、参与的孩子是多少，在整个过程中有欣喜、有感动，哪怕失败也是弥足珍贵的。

三、多次尝试未果

1. 第一次尝试——栾树

嘉欣和妹妹嘉荣是一对双胞胎，她们俩喜欢在山坡上拾落下的种子，她俩商量好了一起培育栾树种子。

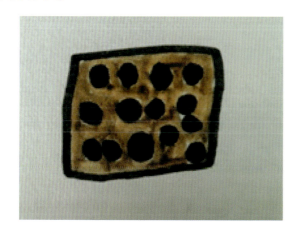 

时间很快，由于温度很高，栾树种子四天就催芽成功了，嘉荣有很多的栾树种子，但是嘉欣的种子全部没有发芽，还有点发霉，嘉欣有点沮丧。

嘉欣：曾老师，为什么我的种子都烂了？

曾老师：可能你的水苔上水太多了，泡烂了，下次要记得挤干一点。

嘉荣：没关系的姐姐，我有很多，我可以分给你。

嘉欣：不用了，我再培育别的。

嘉荣：那我们一起照顾栾树小苗。

2. 第二次尝试——菠萝蜜

最近大家带了一些菠萝蜜种子，嘉欣便和大家一起尝试培育菠萝蜜。

国爽：你们三个女生，就我一个男生。

安琪：我们都觉得菠萝蜜种子特别好玩，也很好吃，你也喜欢啊？

嘉荣：对啊，我和姐姐都喜欢吃的。

嘉欣：之前我培育的栾树都失败了，不知道这次怎么样？

国爽：这次你的水苔没那么多水，会成功的。

菠萝蜜的种子催芽时间比较长，大家等得有点着急。终于在12天以后，有的已经冒出芽了。

国爽：我的冒出芽了，可以水培了。

嘉欣：我的还没有，再等几天。

5天以后，其余的菠萝蜜种子开始发黑，有点坏了的迹象。

国爽：你们三个女生全部都失败了，只有我成功了。

嘉欣：也不知道是什么原因，又失败了。

嘉荣：姐姐，没关系的，可能我们没照顾好。我们下次再培育。

第三次，我邀请嘉欣和我一起培育紫藤种子，嘉欣想了想还是决定算了，说妹妹给了她一些栾树种子，她不想培育了，每次都失败。

妹妹嘉荣给了姐姐一些栾树小苗，两个人一起照顾这一片小森林。

嘉欣的栾树小苗　　嘉荣的栾树小苗

教师的话

嘉欣的失败培育是一个典型案例，其实在班级里还有一些孩子在经历了失败之后便不愿意再次尝试了。但是在这个案例中，妹妹嘉荣一直非常关注姐姐的感受，在每一次失败之后都会安慰姐姐，并且给了姐姐自己培育成功的小苗。在生活中也是一样，对于一个孩子来说，充满期待地做一件事时眼里是有光的，失败了也会暗淡。但至关重要的是在她遇到挫折的时候，要有人给她温暖和支持。

四、蜡梅花开二人组

1. 开开心心育苗

在我们幼儿园有蜡梅花，每一年花开香气四溢，秋天的时候我们班级收集了一些蜡梅种子，家润和心悦想要培育蜡梅种子。

心悦：刘家润，你也想培育蜡梅种子吗？要不要我们一起？

家润：可以啊，不过你怎么不和沈梦瑶一起，你们两个不是干什么都要一起的吗？

梦瑶：我想要培育菠萝蜜，我喜欢吃水果。

心悦：我喜欢蜡梅花的香味，如果你和我一起的话，我们到时候一起换水、一起照顾。

两个人便开始了蜡梅培育之路。心悦和家润共用一个小盒子，家润本着男士特有的绅士风度，都没让心悦动手，便帮她一起弄好了，其余的都交给时间吧！

2. 抠抠搜搜分苗

一个星期过去了，蜡梅育苗在大家每天的期盼中成功了。两个人是在一个盒子里育苗的，该怎么分呢？

（1）多劳多得法

育成功的一共有11棵苗，那怎么分呢？

泽一：我觉得平均分吧，一人5棵，还多1棵怎么办呢？

晋阳：多1棵给我吧，我正好想要。

心悦：你想得美，你不是有了吗？

刘家润的蜡梅苗

家润：之前都是我帮你弄的，我应该多分一点的。

心悦：我是女生，男生可以多帮助女生。那我以后多帮你换换水。

家润：我每天都来上学，我自己可以换。我帮你弄水苔催芽的，我多分几棵。

关于这件事情，大家争论不一。最终伙伴们一致认为多劳多得，家润分到了7棵苗，心悦分到了4棵苗。

盛心悦的蜡梅苗

（2）等价交换法

在育苗的过程中，大家用的都是透明的瓶子，只有家润是在班上借用的瓶子，不是透明的玻璃瓶，这让他一直耿耿于怀，因为别人都能看到自己的小苗根的成长情况，而他一定要拿出来才能看到，拿出来就有可能把叶子弄伤。

家润在早上浇水的时候和大家讨论这件事情。

家润：你们家里谁有透明的瓶子能不能带给我一个？

梦瑶：盛心悦家里有的，我的就是她给我的。

家润：盛心悦你家里还有多余的瓶子吗，能不能给我一个呢？

心悦：我回去找找。

第二天，盛心悦带了一个玻璃瓶。

心悦：刘家润，我在家里找到了一个玻璃瓶，你要吗？

家润：要的，谢谢你。

心悦：那我有一个要求，我用瓶子跟你换苗行不行？唔……2棵苗你愿意吗？

家润：你让我想一想。

家润看了看他的苗，沉思了一会：好吧，一言为定！

3. 和和气气育苗

就这样，两位蜡梅育苗使者一人6棵一人5棵，开心育苗。

在两人的精心照顾下，蜡梅小苗格外亮眼。

4. 土培尝试

家润和心悦每天一起换水、一起讨论小苗的生长状况。

家润：我们两个人照顾得非常好，你看我们的根长得是最长的。

心悦：因为他们有时候会忘记，你上次忘记了我都帮你换了。

家润：你上次请假我也帮你换水了。

心悦：所以我们这叫互相帮助。

家润：我决定把我的1棵小苗栽进土里看看会长得怎样？

心悦：会不会死掉啊？

家润：我不知道，就算死掉我还剩4棵的。

心悦：我不想，万一死掉我就剩5棵了。

家润和战勋、夏妍一起将自己的小苗拿了一棵进行土培。

夏妍：虽然我只有几棵橘子苗，但是不要紧的，我喜欢尝试。

战勋：我也想试试，死了我就再培育新的。

教师的话

这是一个男生和女生同时进行的育苗过程，不算合作，但有互助。在分苗过程中，虽然两人都想多分一点，各自有着各自的想法，却能够在尊重对方的前提下自行进行交换。在日后照顾小苗时，两个人能够互相帮助，不过分计较得失，都朝着照顾好小苗这一个方向努力，能够在整个过程享受成功，互相商量，互相进步。

这个过程让我们看到了心悦拥有很强的说服别人的能力，她说服家润和她一起培育蜡梅，在生活中当面对不一样的声音时，这个能力就显得尤为重要。作为一名女孩子，她没有那么大的勇气，她更害怕失去，所以不愿意尝试土培这一方法，可能当家润成功之后她才会愿意尝试，她的小心翼翼源于她对小苗的珍惜和爱护。正是因为这些美好的品质，相信她在以后的路上会收获美丽的花朵。

五、我把小苗送给你——大四班赠予中三班

最后一学期了，孩子们对于自己的苗有着不同的规划。

心悦：我想带回去的，我可以把它照顾好，我想让它长成1棵蜡梅树，每年都开出香香的花。

晋阳：我肯定是要带回去的，因为我只剩1棵了。

家润：我可以分一点给你们的，我比较多，自己留一点就可以了。

安琪：我到现在还没成功，你们分1棵给我吧。

家润：我可以分1棵蜡梅小苗给你。

我和孩子们讨论，可以留一些苗在幼儿园，分一点给弟弟妹妹由他们照顾着，到时候我们可以回来看一看。大多数男孩子表示可以，女孩子则有点为难。最终，三位男士（周晋阳、黄战勋、刘家润）将三棵苗赠予中三班。

教师的话

在整个培育活动中，参与的孩子从原来的5~10人变成了全班幼儿，树种的种类也越来越多。作为老师，我在开展课程时非常担心孩子们的热情持续度，总是在想应该采取什么措施让他们能一直参与，比如提醒他们每天换水、照顾自己的小苗，怎样在无形当中培养他们的责任意识。最后我发现当一位孩子的一颗种子因为没换水而死掉的时候，他们突然就记得每天换水了。因为失去了所以变得更加珍惜。

在整个班级中，我们也看见了女孩子和男孩子的区别。男孩子动作性强，想要培育任何种子都不怕失败，做一些体力活也是轻轻松松的事情。但是在细小的方面，比如说准备瓶子这件事情上，很多男孩子的瓶子都是女孩子给的。所以，一个小社会要男孩和女孩一起配合才能更加和谐。

此外，我们还记录了每天的温度曲线图和小苗生长之间的关系，正如人一样，万物会根据温度环境的变化而变化，我们旨在让孩子们能够发现不同环境下小苗的生长变化，有哪些需要，及时采取一些措施。比如将它们移到阴凉的地方，通过喷水增加育苗箱周围的湿度等。

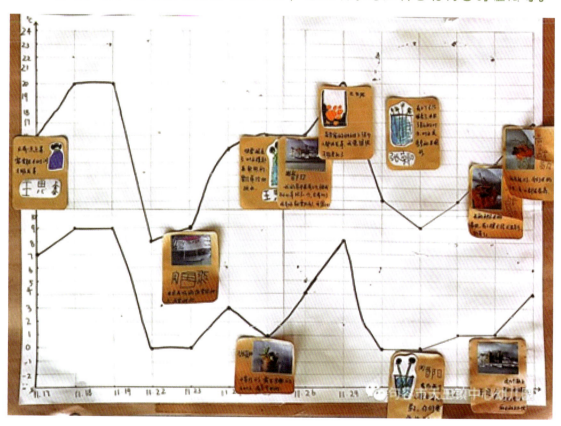

我想种下一棵树，我想种下心里的一颗种子，只要在这个过程中努力了，那么必定会长成参天大树。

小小桥梁工程师

句容市天王镇中心幼儿园

方之昕

陶行知先生曾说："整个的社会是生活的场所，亦即教育之场所。因此将无限广袤的自然资源浓缩还原到有限的园所空间之中，给孩子们'全过程'的自然体验，是我园幼儿园户外环境建设的积极尝试，把'鸟儿'从鸟笼中解放出来，任其自由翱翔，使孩子们成为适应生活、融于民众的有用的人。马路、企业、乡村、工厂、店铺，凡是生活的场所，都是我们教育自己的场所。"基于"社会是大众唯一的学校"这样的认识，我们也如陶行知先生一般鼓励孩子们在社会中学习、向社会学习，通过社会的大学校，使之受到教育。贴近儿童的生活，追随儿童的兴趣，解放儿童的手脑，发现儿童的情智，建立儿童的规则，让儿童成为生活的主人，是我们幼儿园教师在课程游戏化建设过程中达成的共识。从区域游戏的放手开始，到一日环节中游戏精神的融入，孩子们养成了自我管理和自我服务的意识和习惯，从环境材料的收纳到游戏规则的制定，从游戏内容的选择到游戏方法的探索，从弹性作息的调整到一日方案的优化，孩子们真正成为幼儿园一日生活的主人，老师们真正成为孩子们游戏的观察者、合作者和引导者，在尝试放手和追随观察中开始了对幼师专业性取向的重新定位，也更加明确了"儿童本位"的真正意义和内涵。

一、催化事件的发生

4月12日，洋洋、郎朗、梦琪等五个孩子很想去紫薇小岛上看一看，可是在他们面前的只有一个用木头搭的独木桥，洋洋刚走上去就发现这个独木桥不太稳当，然后就退了回去。

洋洋：天啊！这哪是桥啊，踩得摇摇晃晃的，怎么能从这上面经过呢？

梦琪：是啊，我在上面都站不稳，我怕我掉进下面的水里，我看见那边有别的桥，我要从那边的桥上过去。

通过孩子们想去紫薇小岛玩，需要从桥上经过，引发了孩子们的讨论"幼儿园的独木桥太危险，我们需要一座稳一点的桥"。此次幼儿对"幼儿园的桥不太稳"萌发出了好奇心，而这一事件的突然发生，使得部分幼儿沉浸在这个主题之中，幼儿的兴趣因此蔓延开来，同时他们还提出了很多的问题，这也催化、鼓舞着幼儿对"桥"的探索。

二、帮助幼儿更精准、更充分地了解自身经验和环境

学校教育的范围不仅在书本，还应扩大至大自然、大社会和群众生活中去，通过向大自然、大社会和群众学习，使学校教育和改造自然、改造社会紧密相连，形成真正的教育。幼儿在兴趣的牵引下增强了对周边环境仔细观察的能力，同时也在自身经验的催化之下运用家长群、图片等媒介梳理着自己所知道的桥的素材。

景甜：小时候去过苏州的木头桥，我跟我爸去国外旅游还看过跨海大桥。

洋洋：我爸爸带我去上海见过会活动的桥，我还知道一桥、二桥、三桥。

林暄：我和爸爸在张家界见过玻璃桥。

梦琪：我们天王还有天王桥和映月桥……

孩子们对"桥"有了初步的感知经验，并产生了浓厚的兴趣。

三、孩子们想知道的问题

在孩子们对桥的认知探索过程中，无数的问题与疑惑驱动着他们持续探索。科学探究、书写欲望、数字知觉等技能都整合在幼儿的摸索中，同时也提供了让幼儿了解这些技能的价值的机会，使他们在真实的环境中去应用、操练这些技巧。班级里与桥相关的现成的作品、泥工馆里孩子们捏出来的各种泥巴桥都促使这群"探索家们"以最有效的方式来探索现象。近距离且细心地查看沙池里的拱桥，触摸移动建构区里的"长板大桥"，使得幼儿更容易产生他们想要探索的问题。

1. 为什么要造一座桥？桥上有什么？

2. 怎么让一座桥变得稳一点？

3. 桥上的房子住的什么人？

4. 桥上有危险标志吗？

5. 桥上面一闪一闪的是什么？

6. 桥上有斑马线吗？

即使班级里的其他幼儿对桥的探究并不热衷，但是他们也很有兴致聆听别人的意见和汇报，提出自己的想法，并从观察他人讨论探索桥的进度和建构过程中学到了很多。作为教师的我，喜欢将必要的内容和预想幼儿可能会感兴趣的问题、想法写在便签上，通过不同的方式整理，以网络图的方式展现幼儿预期的问题和线索。

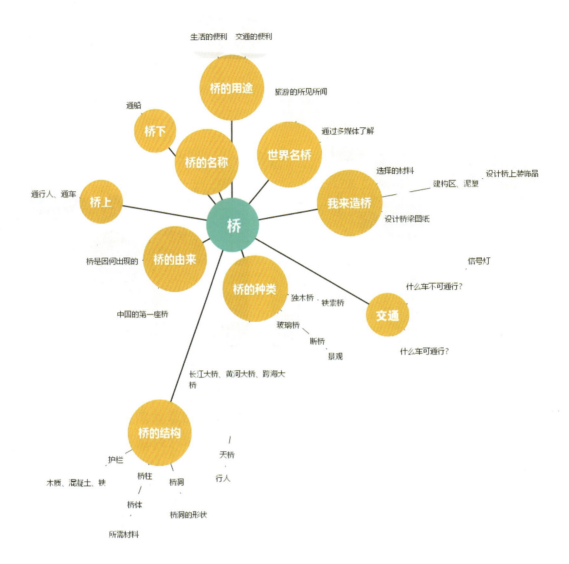

　　幼儿问题清单的形成不仅有助于衡量幼儿探索问题的可行性，教师也可利用网络图收集教学资源，利用天王镇周边的天王大坝、立交桥、《桥梁建造》绘本书籍丰富幼儿的初步构想，建立共同的经验，鼓励幼儿说出自己的经历和故事。在班里的美工区，幼儿呈现出了类似的《桥梁设计图纸》，并且展开激烈的争论。而孩子们往往将与桥有关的印象、最深的经验画了下来，帮助他们专注于自己对桥梁的理解，借助自己的设计图与其他幼儿进行讨论，有意引出他们的想法，在分析谁的设计图纸最好时，孩子们各执己见，同时对其他同伴的构想提出了批评和建议，孩子们在争吵、否定他人的意见中将自己想说的话说出来，虽然教师暂时袖手旁观，并未及时制止孩子间的分歧，但是却给予了孩子们更多的空间和机会让他们发现问题、解决问题，这些才是在桥这个项目探索中最有价值的地方！桥的项目不仅鼓励孩子们去倾听别人的想法，还要学着去妥协，他们在争吵中统一意见、在一起工作中建构桥的结构，最终达成共识。虽然这个过程充满了相当激烈的讨论，甚至是相持不下的争执，教师也应当适当放手给予幼儿足够的耐心、空间、时间让他们自己解决问题。最终孩子们决定把各自的路灯、护栏、桥洞、限速牌集合在一张图纸上,并没有表现出生气与不喜欢。带着同一个目标大家展开了资源大收集。

四、收集设备与物品材料

有些材料与设备不论在哪个项目里都能得到有效利用,其中班级和资源库里面的建构类、艺术类材料最受幼儿喜欢。在孩子们阅读图书角里的绘本时,与桥相关的图画书用处很大,大班幼儿所看的绘本中所涉及的照片、绘图、图表,都可以用来拓展项目开展中幼儿的见闻。对于桥的项目而言,写实的书籍更能传递信息,在课程结束之前反复供幼儿欣赏。鉴于幼儿现有的知识经验水平,幼儿能够在筛选、观察、对比中选择满足活动需求的板材、桥柱,在木工馆的经验迁移中幼儿创造性使用拖把棍、废旧木工作品,发挥了一物多玩的作用,使之变成孩子们眼中的桥梁部件。

五、失败与总结,不怕挫折、勇于探索

面对第一次建构的大桥,幼儿有自己的认知,孩子们争吵着说出桥梁存在的缺陷,进一步阐述自己的观点,在否定他人意见的同时,总结问题点,又生成了新的问题清单,开展了小范围的讨论:

1. 四个桥墩不一样长,桥造得像个滑梯。
2. 桥墩不稳,还没下水就掉了,不敢上去固定。
3. 中间的柱子太短,还没碰到水就不够了,数量也不够,太少了撑不住。
4. 没有楼梯怎么到桥上去?爬上去吗?太累了。

孩子们在实践中进行了三次尝试，结果发现了桥的问题所在。三次的失败给幼儿带来一定的挫败感，让造桥队伍中的成员兴趣有所减少，但是孩子们却有了发现问题、协商讨论、解决问题的变化，在一次次的失败中总结原因，通过共同讨论、向专家求助、参考绘本书籍等方式一步一步走向成功。孩子们在观察木匠秦师傅的固定过程中学会了钉钉子的好办法，通过绘本《桥梁建设》知道了水泥和沙土的固定作用，还有的幼儿利用长木条作为桥梁的护栏防止桥梁上的工人摔到河里，孩子们往往能将游戏和游戏中的环境相结合。这些游戏的经验对幼儿来说是非常宝贵的，不仅在实践探索中加深了经验，还使得孩子们的相关概念和使用技能更加清晰深刻。

六、学习品质的形成，孩子们的内心独白

从一开始的多个桥梁设计图，伙伴间的相互质疑、相互否定、争吵，都觉得自己的是最好的，到学会接纳他人意见，学会妥协，完成共同的造桥目标，孩子们学会了倾听与合作。孩子们通过三次的造桥失败，开始积累经验，分析失败的原因，教师适当放手给予幼儿一定的空间，动手动脑自己协商解决，促进了孩子们的多元化发展，而不是按照成人高控的思想按部就班地机械操作。面对同伴的不信任和失落情绪没有放弃自己的目标，孩子们不怕困难、挑战自我、越挫越勇的学习品质在逐渐形成。本次造桥活动的重点不仅在于我们教会了孩子怎样造一个多么好的桥，而且在于造桥过程中给了他们怎样的学习体验，并使他们乐于探索，能在未来的成长中坚持自己的想法，为自己的勇敢探索而自豪，受益终生。

或许我们也是在追随幼儿的过程中让他们从教室中、从校园里解放出来，在大社会、大自然、大森林中，扩大眼界，发挥内在之创造力；在解放幼儿的同时，让他们有自己的时间去创造，让孩子用联系的眼光看待大自然这个活教材，用思考的方式看待问题，成为大自然、大社会的主人。